[日]藤家礼之助 著

章 林 译

中日交流两千年

日中交流二千年

北京联合出版公司
Beijing United Publishing Co.,Ltd.

前　言

常言道，日本与中国是一衣带水、同文同种的国家。人们还经常指出，中日近代百年的历史虽然主要是对立、侵略和反抗，但在此之前却有着长达两千年友好往来的历史。

不过，如果仔细地探讨历时两千年的交流史，我们会发现其间曾有过中断，也有过对抗，并且这些交流和中断的状态似乎也彰显了日本传统政治的特质。这无疑是很吸引人的。而且，虽说中日两国同文同种，但日本在接受中国文化的时候，经常对接受的对象进行微妙的改动。这种接受文化的方式，似乎也体现了日本文化的特质。这也是令人很感兴趣的。

在人们呼吁进一步加强日本与中国友好往来必要性的今天，尝试回顾中日两千年交流史的详细经过，恰好是顺应时代要求的吧。而且，看看自"二战"后对这种交流史的研究，一直仅有断代史，几乎没有通史，应该说，这一研究以某种形式问世的时机恰好到来。

话虽如此，但这是一项极其困难的工作。首先，在尝试仔细回顾交流史的过程中，会碰到需要逐一核实的事实无法一一确认的问题。尤其是古代史方面，更是受到史料的制约。在这样的情况下，可想而知，欲推导出史料所欠缺的部分，就需要广泛搜集诸家学说和各种参考文献，并加以归纳整理，从中提炼出明晰的史实，进而系统地展现出长达两千年的交流史。不是颇具慧眼之士，恐怕是无论如何也办不到的。

但我还是不自量力，并且自认为付出了最大的努力。其中，当诸家的见解复杂地纠缠在一起的时候，我只能根据个人观点大胆地删除、淘汰，有时还厚着脸皮陈述自己的臆说。谨请大方教正，望乞见谅。

这本小书的出版，多亏了东海大学出版会的加藤千曼树、山本保之介两位先生的鼎力帮助。另外，因为鄙人懒散，劳烦植松美津子、竹和是江、越川文晴诸君不辞辛劳地为我整理、誊写杂乱的稿子和资料，在此表示衷心的感谢。

在《中日交流两千年》搁笔之际，我衷心地祝愿当前中日之间悬而未决的《中日和平友好条约》早日缔结[①]。其中的理由之一，当然是因为我深信这一条约的缔结，将有助于中日两国的发展，并将对亚洲乃至世界的稳定做出巨大贡献。不仅如此，还有更为重要的理由，我的青少年时期是在"二战"期间和"二战"后度过的，所以只要这个和平条约一日不缔结，我的内心就无法安然，总觉得包括中日战争在内的第二次世界大战那如噩梦般的过去依然没有结束。

著者

一九七七年七月七日

卢沟桥事变四十年后的炎热夏日

---

① 《中日和平友好条约》已于 1978 年 8 月 12 日在北京签订。——译者

（修订版）前言

完成这本小书，时光已流逝了十余年。

光阴似箭。不但我的身边发生了些许变化，日本、中国、中日关系，以及包含这些问题在内的东亚与世界的形势，也都发生了巨大的变化。这次，在出版修订版时，我本想触及《中日和平友好条约》缔结后情势的变化，但最终还是止于最小限度的修改。一方面是因为尚无法客观地看清情势，另一方面也是因为情势的变化之大让人踌躇。

因此，这次修订的主要工作，是对初版进行十分严格的补充、修改和添补。补充修改的地方有数十处。我的门生、现东海大学文学部助教真野贵子（当时还是学生）在忙碌的工作间隙，独自一人承担了添补的工作。在此特表感激。

六年前的1982年，正值纪念中日邦交正常化十周年。这本小书由时任北京大学亚非研究所副所长张俊彦和卞立强两位先生翻译为中文，并由北京大学出版社出版。两位先生说这本小书"大量综合了日本学术界关于这方面的研究成果"，并"阐发了作者本人的见解"（源自译书序文）。受到如此高的评价，真是无比的喜悦。另外，两位先生对于书中对中日友好的热忱，也给予了"（他）表现了对于发展两国友好关系的热情"这样的好评，对此，我真的十分欣喜。

北京的天空是深邃的、蔚蓝的。虽然隔着海，但风月同天的中日两国的友谊与合作将长存。

恳切地期待着年轻人翻阅这本书。

著者 藤家礼之助 记

一九八八年八月十二日

《中日和平友好条约》缔结十周年纪念日

目　录

前　言……………………………………………… 001

（修订版）前言 ………………………………… 003

第一章　邦交的开始——倭王与金印 …………… 001

派往乐浪郡的使者（001）/《后汉书·倭传》（005）/金印
的发现（008）/国王师升等（010）

第二章　邪马台国——魏使与女王 ……………… 015

《魏志·倭人传》（015）/九州说与关西说（018）/对榎说
的疑问及山尾说（023）/中国人的地理感觉（028）/向统
一国家发展的过程（030）/对松本说的异议（035）/卑弥
呼的目的（039）/卑弥呼以后（045）

第三章　倭五王——跨越万里 …………………… 049

朝鲜半岛上的角逐（049）/中国的状况（053）/倭五王的
遣使（054）/关于倭五王的推断（056）/应神说的再研讨
（059）/要求除正的意义（062）/为何一边倒向南朝（066）

第四章　日出处天子——新兴国家的意志 …………… 075

空白的六世纪（075）/"阿每""多利思比孤"（077）/国书
事件（079）/遣隋使的目的（087）/交通路线（092）/四
批遣隋使（093）

第五章　遣唐使——异国之土 ……………………… 097

遣唐使一览表（097）/初　期（100）/盛　期（104）/末　期
（107）/三条路线（108）/阿倍仲麻吕（114）/圆仁、圆珍、
圆载（118）/鉴　真（120）

第六章　入宋僧——蝼蚁的憧憬 ………………… 125

废止遣唐使以后（125）/从唐末到宋（129）/五代时期的
交流（130）/与宋的交流（133）/变化的萌芽（137）/入
宋僧（139）

第七章　蒙古来袭——夷狄之间的战争 ……………… 145

从北宋到南宋（145）/与南宋的贸易（146）/禅僧的交流
（154）/蒙古的兴起（157）/文永、弘安之役（158）/和平
的交流（165）

第八章　倭寇与勘合船——中日联合的冒险 ············ 169

倭寇的开端（169）/ 从元到明（171）/ 明日交涉（172）/ 勘合船（177）/ 入明僧（184）/ 倭　寇（185）/ 文禄、庆长之役（187）

第九章　郑成功父子——唇齿之谊 ················ 191

从明到清（191）/ 郑成功父子（193）/ 郑氏家族向日本乞师（195）/ 其他乞师（199）/ 唇齿之谊（204）/ 长崎贸易（206）/ 唐人坊（209）/ 渡日僧等（211）

第十章　最后的决裂——王道与霸道 ················ 215

日本与近代中国（215）/ 清日战争（217）/ 留日学生（220）/ 中国与日本志士（223）/ "二十一条"（224）/ 最糟的岁月（227）/ 架桥的人们（230）/ 王道与霸道（232）

译后记 ·· 239

出版后记 ··· 241

第一章　邦交的开始
——倭王与金印

派往乐浪郡的使者

1968 年，在华北的满城县（现河北保定附近）发现了中山靖王的遗体。遮盖遗体的玉衣十分华丽，令人瞠目。接着，在遥远南方的长沙市附近，发现了轪侯夫人的遗体。该遗体"鲜活如生"，皮下组织现在看来仍然富有弹性。同时还发现了与轪侯夫人相关的众多遗物。这一情景给人带来的感受已经超越了惊愕，可以说令人目瞪口呆。

前者中山靖王是西汉具有代表性的皇帝武帝（公元前 140—前 87 年在位）的异母兄弟，后者轪侯夫人被普遍认为是生活于武帝之前的惠帝至景帝时期的一位女性。因此大致来说，两者都是公元前一二世纪的人物。距今两千多年前，从靠近寒风凛冽的漠北，到南蛮缺舌的湖南，抑或更南的地域，中国通过一个高度发达的统一帝国，实现了以同一的制度和文化为基调的大一统体系。不得不说这是令人非常吃惊的。此时，与中国一衣带水的日本，究竟是一种怎样的状况呢？

《汉书》(东汉班固撰写的记载西汉情况的正史)的《地理志》中有如下一段记载:

　　　　乐浪海中有倭人,分为百余国,以岁时来献见云。[1]

这段记载几乎是揭示当时日本状况的唯一文献史料。

乐浪是武帝统治朝鲜半岛时,于公元前108年设置的四郡之一,因而上述史料记载的应该是公元前108年至东汉灭亡(公元8年)约一个世纪期间的某个时期(大概是公元前一世纪

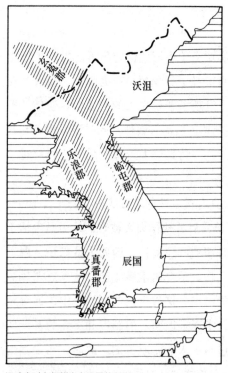

汉武帝时在朝鲜半岛设置的郡

的后半叶^[2]）日本的状况。也就是说，它记载的日本跟轪侯夫人去世、中山靖王刘胜殡葬的时期十分接近。

虽然文中"分为百余国"中的"百"作为一个具体的数字不可信，但据此可以明确的是，当时的日本处于统一前小国分立的状态。文献史料所记载的这一状态也同考古学方面得出的见解一致。

公元前三世纪至公元二世纪，日本从长期、缓慢发展的绳文文化中摆脱出来，向出现金属器和水稻耕作的弥生文化飞速转变。这种转变必然也引起了日本社会生活的诸多变化：发展出以祭司为中心的集体生活；出现了贫富差别、身份等级和阶级分化；生产力的发展使各地区集团之间开始盛行物资交易。在以上这些变化的综合作用下，进而在各地区出现了小规模的村落国家。

分散在北九州和关西各地为数众多的遗址，就印证了上述说法。提到弥生文化的金属器时，通常会想到铜铎（特别是形状大而薄的铜铎）的特异性，以及这种铜铎的分布范围与铜剑、铜铧（尤其是形状较细）的分布地域之间存在极大的差异性。即铜铎以关西为中心（除去例外），向西最远到达中国地方^①。而形状较细的铜剑、铜铧则集中出土于北九州，向东最远尚未到达关西。

由此，产生了当时的日本存在分别以关西和北九州为中心，两个相互对立的政治圈和文化圈的观点。不过，对此也有异议。

异议源自一个疑问及它的答案。这一疑问是，日本特有的

---

① 日本的地域名之一，位于日本本州岛西部。——译者（本书脚注均为译者所加，作者原注见每章结尾。以下注释不再说明。）

国产青铜器，即形状大而薄的铜铎的原料是从哪里获得的？答案是源自中国进口的铜器（把进口的铜器回炉，再制造铜铎）。根据这一观点可以得出如下结论：北九州和关西并不是互相对立的文化圈，关西在当时已经是政治、经济和文化的先进地区；而北九州只不过是关西的对外窗口而已。

这些结论上的不一致是至关重要的，它直接关系到对后来（公元三世纪）出现的邪马台国的看法。但北九州和关西当时不管是相互对立还是从属，日本存在两个形式迥异的文化圈，这一点是不争的事实。

就北九州地区而言，从这个区域出土的"进口铜利器"（与国产的铜利器不同），主要来自私人的墓葬。

例如，从三云（筑前、怡土）遗址（瓮棺墓）中，出土了35枚"进口铜镜"、一把铜剑、一把铜戈、两件铜铧，以及其他一些物品。此外，在须玖（筑紫、春日）遗址中，从石板墓状建筑物（由巨大的石头堆积而成。须玖的巨石为板状，长3.3米、宽1.8米、厚30厘米）的地下1米处发现了瓮棺，并出土了约30枚铜镜、10多件铜利器。

另外，在须玖遗址的石板墓北面的台地上，还发现了瓮棺聚集的公共墓地。但其中并未出现多少陪葬品。即使出现陪葬品，充其量也仅是铜剑之类，没有与玉器、铜镜成套出现[1]。

由此可以推测出一个小集团的存在，即由陪葬着铜剑、铜镜的瓮棺中的被葬者（权力者）与受其统治的从属民众所形成的集团，也就是小的村落国家。可以推断，这种瓮棺墓遗址大

---

① 镜、剑、玉是古代日本王权的象征，八咫镜、草薙剑和八坂琼曲玉被合称为"三种神器"。

致是公元前一世纪至公元一世纪时期的留存。

《汉书·地理志》上所谓"分为百余国""来献见"的小国，恐怕说的就是须玖和三云等以北九州为中心的西方诸国。

虽然完全不清楚这些小国究竟是以单独的方式，还是以组团的方式去献见，但正如"以岁时"所记载的一样，大概是选定日期后，千里迢迢地派遣使者到现在朝鲜平壤附近的乐浪郡太守所在地，通过献上方物来换取中国和朝鲜赐予的珍贵而稀奇的物品，然后满腔热情地回到日本。如果将日本这些小国"以岁时来献见"的原因，归结于这个时期在东亚出现的中国历史上最初的大一统帝国（秦汉帝国）的政治影响力，自然也是无可厚非的。但站在日本这些小国的立场来看，他们之所以跨越大海、奔向西方，恐怕是出于一种欲罢不能的愿望，即从先进国家吸收文化，以及借进贡的方式来进行经济交流。如此一来，中日两国就以朝鲜半岛作为舞台，揭开了两千年交流史的序幕。

《后汉书·倭传》

公元 8 年，持续了二百余年的西汉王朝，被外戚王莽篡权而灭亡。取而代之的是"新"王朝的建立。但复古的理想主义者王莽所实施的政策，全部事与愿违，引发了赤眉、绿林之乱。不久后，在未央宫的高台上，这位特别的理想主义者悲惨地死去。南阳的豪族刘秀，借助与汉皇室的血缘关系，在此混乱局面中崭露头角。经过刘秀的努力，汉王朝于公元 25 年得以重建。刘秀就是东汉的第一代皇帝光武帝。

记载东汉时代正史的是范晔的《后汉书》。《后汉书》与

《汉书》不同，它首次为日本立了单独的"传"，并用多达六七百字对日本进行了十分详细的描述。

但是，从时间上来看，《后汉书·倭传》（准确地说，是《后汉书·东夷传》中的"倭"条）的大部分记载，依赖于记载后一时代历史的《魏志·倭人传》，可以说是后者的翻版。普遍认为，《魏志·倭人传》中很大一部分描述是以三国时代有关日本的记载为基础，进而推测或伪造东汉时代（公元25至220年）日本的情况。因此，本书作为史料不能轻率地相信。不过，《后汉书·倭传》中也有一部分采用了与《魏志·倭人传》不同的独特的史料，所以仍有它相应的价值。

　　〔上文说到《后汉书·倭传》大部分是以记载东汉以后历史的《魏志·倭人传》为依据，指的是中国古代的史书往往是根据历史学家的判断，从原始史料的记载和已经写成的史书中选出必要的部分，连接起来构成新的史书，亦可称为编撰。这种非常特殊的编纂方法，与其说是叙述，不如说是撰述。因此，这并不是只有《后汉书·倭传》才有的特殊问题。只是《后汉书·倭传》的撰者范晔比《魏志·倭人传》的撰者陈寿生活的时代更晚（范晔是五世纪的人，陈寿是三世纪的人）。但颠倒过来的是，范晔所写的对象时代反而是汉代，书中许多部分又是依据记载三国时代历史的《魏志·倭人传》来撰述的。因此说《后汉书·倭传》存在种种不妥之处。〕

在《后汉书·倭传》中，与《魏志》及《魏略》（编纂者鱼豢，编述时间较《魏志》略早。据说陈寿是参考《魏略》撰写

《魏志》的）等记载三国时代历史的史书无关的、独特的部分，有如下一段记载：

> 建武中元二年，倭奴国奉贡朝贺，使人自称大夫，倭国之极南界也。光武赐以印绶。

这段内容主要讲的是，建武中元二年，即公元57年，光武帝（刘秀）重建东汉王朝之后不久，倭的"奴"国的使者带着贡物不远万里来到都城洛阳，而后光武帝授予他们印绶。

此时的地点已不是设置于朝鲜的驻外机构乐浪，而是都城洛阳。那么，采取跨越万里、直接访问都城这一决绝的外交政策的"奴"国，究竟是什么样的一个国家呢？

对此，曾经有观点认为，它并不是"倭之奴国"，而是"倭奴国"（《魏志·倭人传》中的伊都国）。但此处恐怕还应读作"倭之奴国"。范晔自身似乎也是这样解释的，只是"倭国之极南界也"的说明是他的误解。之所以产生这种误解，人们普遍认为是因为在《魏志·倭人传》中，有关于两个"奴国"的记载。一个是位于北方沿海地带，在众多小国中比较强大的"奴国"；另一个应写作□奴国，却脱漏了。或许是写重了，或许是同名异国，现已无法确定，但一般认为（也是这样写的）"奴国"是存在于（南方）边境尽头的一个小国。不知什么原因，范晔采取了第二种看法，理解为曾向光武帝朝贡的"奴国"[3]。

可以说，在此处也可以窥见《后汉书·倭传》中有《魏志·倭人传》的影子。这姑且不论，人们自然会这样考虑：单独、直接地向都城派遣使者这种大胆的行动，只有位于沿海地带、先进且极为强盛的国家（据《魏志》记载，距此时代两个

志贺岛出土的金印（黑田长礼氏所藏）

世纪后的奴国，其人口共两万户，与其他沿海诸国一千至四千户相比，是十分强盛的国家）才有可能做到。也可能奴国不是单独派遣使者，而是作为几个国家的代表派遣使者。要是这样，就更加表明奴国是对其他几个国家拥有影响力的、相当强大的国家。

　　这一观点也因后来的偶然发现而变得更加清晰明了。

金印的发现

　　江户时代中期发生了一件有名的事情。它发生在"天明大饥馑"[①]最严重的 1784 年 2 月的一天。

　　在现在福冈市东区所属的志贺岛（过去当然是孤立的小岛，现在已通过"海之中道"与日本本土连接），黑田藩的百姓甚兵卫在修缮自家田地的水沟时，从一块大石头下发现了一个闪闪发光的东西。甚兵卫洗去泥垢后，发现竟然是一块四边边长约 2.347 厘米、重 108.729 克、缀以蛇纽纹的金黄色印章。印面上用隶书刻着"汉委奴国王"。

　　历史时常会给我们无法预测的、带有偶然性的启示。"金

---

① 日本在 1782 年至 1788 年发生的大饥荒，被后世认为是日本近世最大的饥荒。

印"的发现就是其中之一。

"委奴国"的"委"自古以来就与"倭"通用（例如在传说是圣德太子亲自撰写的《法华义疏》中，就有将"大倭国"写作"大委国"的事例），所以"委奴国"与《后汉书》中记载的"倭奴国"是同一个名称。而且，《后汉书》记载，光武帝曾授予奴国的使者印绶。

不过，《后汉书》上只写了印绶，既没写明是金印，也没写明是紫绶。不过，在唐初显庆五年（660 年）编纂的《翰苑》（张楚金撰，雍公睿注）的"倭国"条中有"中元之际，紫绶之荣"的记载，并且还加上《后汉书·倭传》建武中元二年的记载作为其附注。由于原则上紫绶同金印是成套的，所以《翰苑》的记载应当可以表明，《后汉书·倭传》记载的印绶是不折不扣的金印紫绶。这样一来，天明四年百姓甚兵卫发现的金印，就准确无误地印证了《后汉书》的记载。也就是说，甚兵卫所发现的金印是距今近两千年的东汉光武帝授予日本使者的真印。[4]

关于该印面上的"委奴国"，有观点认为同《后汉书》的情况一样，应读为"ito 国"，解释为《魏志》中的"伊都国"。但现在将其解释为"奴国"，读作"汉之委之奴之国王"，几乎成为定论性观点。这里的"奴国"，一般认为就是以随葬许多铜镜和铜剑的须玖遗址为中心的国家，也就是后来的傩县，今天的那珂（博多附近）地方。

可以想见，自认为中国是世界中心的汉朝皇帝，把对方视为"汉"的"委（倭）"的"奴国王"而授以金印，是对"奴国"很高的评价，即认为"奴国"是代表"倭"的强国。事实上，奴国依靠紧邻博多湾的地理优势，占据了各国前往大陆门户的关键位置，是当时北九州沿海诸国中最殷实的国家。因此，

奴国才能在捕捉到东汉王朝的建立和稳定的恰当时机后，首次
采取向汉朝都城派遣使节这一在当时看来非常果断的政策。

　　而且从这里可以窥见，当时以奴国为代表的日本向大陆投
去的炯炯目光。总之，此时中日交流的情况以及日本国内的状
况，与《汉书·地理志》记载的公元前一世纪的状况相比，已
浮现出较为具体的面貌了。

国王师升等

　　《后汉书·倭传》上还有这样一段独特的记载：

　　　　安帝永初元年，倭国王师升等献生口百六十人，愿
　　请见。

大意是，"在安帝的永初元年（107 年），倭国王师升等人，献上
奴隶 160 人，请求谒见"。

　　关于前述的"倭奴国"，说实话，直至本居宣长（1730—
1801）提出不同的见解之前，长期以来都被人们理所当然地认
为是整个日本的总称（因为在某一时期，有这样的历史观盛行：
神武天皇即位建立日本的时间，应上溯到公元前七世纪。所以，
说它被理所当然地认为是可以理解的）。关于"倭国"（将倭国
用作总称）则更是这样。没有任何人怀疑它不是整个日本的总
称。首先对此提出质疑的是本居宣长。

　　质疑发端于《后汉书》的记载与明代所编的类书《唐类函》
所引用的《通典》中的文章不一致。所谓类书，是一种中国式
的百科全书。分立有许多条目，各个条目均引用了许多书籍的

相关史料，再重新汇编而成。对于在调查编修时还存在而现在
失传的书籍内容，或者纠正现传版本的错误等方面，类书是非
常有益的。《唐类函》的情况就是这样。本居宣长发现，在《唐
类函·边塞部》"倭国"条所引用的《通典》（唐代编撰，该书
也属于类书性质）中，记载了"倭面土地王师升"。

推动这个问题进一步发展的，是"二战"前京都中国学的
核心人物内藤湖南。他以渊博的知识指出这样的表现方法还有：

"倭面土国"（北宋版《通典》）

"倭面上国"（一条兼良《日本书纪纂疏》所引《后
汉书》）

"倭面国"（《释日本纪解题》所见《后汉书》）

内藤湖南进而明确指出，《后汉书》原本记载的字句应是
"倭面土国王师升等"，但在抄本的过程中一错再错，最终抄成
了"倭国王帅升等"，并流传开来。

然而，内藤湖南的结论是把"倭面土国"读为"yamato 国"
（也就是说，理解为当时的日本完全由大和朝廷所统一），事实
上又回到了前本居宣长时代的观点。推动这一问题继续沿着本
居宣长所指出的方向发展的，是白鸟库吉。

白鸟库吉指出"面"的古体字是"囬"，容易被误写为
"回"字。也就是说，白鸟库吉认为"倭面土国"是原本的"倭
回土国"的笔误，实际上是"倭"的"回土国"，即"eto（ito）
国"（《魏志·倭人传》的伊都国）。

要想知道"倭面土国"是否确为伊都国，是十分困难
的。但起码有一点是毋庸置疑的，即"倭面土国"不是

"倭"的总称，而仅仅意味着"倭"之中叫作"面土国"的小国。在这种情况下，"倭面土国王师升等"这句话和里面的"等"字是十分关键的。如果是王及其臣下这一含义，就不必用"等"字来表示。这应该理解为有多个"王"。这样一来，这个王就应该不是整个日本的王，而是倭的某个小国"面土国"的"王"。

这样看来，应当说《后汉书·倭传》同前述有关奴国的记载共同表明了一个事实：从公元一世纪至二世纪初期，位于北九州的小国（至少就奴国而言，可以如此断言），单独或联合起来同中国往来，进而建立了种种关系。当然，同《汉书》的记载相比，内容变得稍微具体了，交流本身也不断深化了。

此时，倭国遣使的对象已经不是乐浪郡这类边境地带的驻外机构，而是住在都城里的中国王朝的皇帝本人。而且由于从中国皇帝那里得到了印绶，奴国王就将自身置于中国的册封体制之中。这可能是对日本的其他小国的牵制，或者是与朝鲜半岛的动向相关的活动。反正，这一活动极具政治性，超越了仅仅是摄取文化或经济交流的范围。"面土国"国王师升等进贡了160个奴隶，其目的虽尚未明确，但仍然是一个基于高度政治性判断的举措。

然而，进贡160个奴隶，这在当时实在是一次果断而豪华的进贡。即便是此后三世纪的邪马台国，进贡人数也仅为10人或30人，这次的尽力程度可见一斑。虽然当时的船只究竟有多大规模尚不清楚，但带着160名奴隶上路的使团，恐怕至少也达到四五百人。这些人乘坐相当数量的船只前往中国，其费用肯定是非常惊人的。

航路自然是从朝鲜半岛西岸北上，但就当时的航海技术而言，即便横渡对马海峡，也不是一件容易的事情。应当说这是一次很可能血本无归、承担着巨大风险的冒险航行。或许这次行动是迫于某种不得已的原因，但仅留下"师升"二字之名的日本某小国之王赌上一切的拼死气魄，却跃然于纸上。

奴国和面土国之类的小国，赌上国家命运，以单独或者联合的方式，力图同中国王朝直接交流，显然表明了当时日本同《汉书·地理志》所记载的时代（公元前一世纪时）一样，处于尚未统一的小国分立的状况。但同时也可以说，它表明到了这一时期，日本开始产生了虽然微弱，却指向统一的趋势。

从奴国主动希望置于中国的册封体制之中，不仅可以推断出上述状况正在发生，而且正如记载面土国时的"等"字所表明的那样，从几个小国联合起来、冒着许多风险、花费巨大费用、派送使节的派遣方式中，人们也可以感受到这种微弱的联合体姿态的显露。

此后，人们经常谈到的邪马台国，便以更为明显、更为强有力的形态出现。

注　释

[1]　此外，《山海经》中一般被认为是汉代编述的部分（海内北经）记载："盖国在钜燕南，倭北。倭属燕。"由此可知，从朝鲜半岛到倭国一带，属于燕（战国七雄之一，统治着今天的河北省至辽宁省一带）的势力范围。另外，王充（27—约97）的《论衡》认为倭人在周代已来朝贡："周时天下太平，越裳献白雉，倭人贡鬯草"（儒增篇），"成王之时，越常献，倭人贡"（恢国篇），但这很难令人全盘相信。

［2］ 如果从《汉书·地理志》的其他部分的记载来思考，这部分内容
　　　 记载的也有可能是公元前一世纪末期的日本状况。

［3］ 三宅米吉（1860—1929）是这样解释的。自他之后，这几乎成为
　　　 定论性的看法。

［4］ 受到栗原朋信的启发，大谷光男首先揭示《翰苑·倭国传》的有
　　　 关记载（《研究史金印》，吉川弘文馆）。

参考文献

松下見林:《異称日本伝》（1688 年）。

本居宣長:《馭戎慨言》（1778 年）。

上田秋成:《漢委奴国王金印考》（1784 年）。

三宅米吉:《漢委奴国王印考》（《史学雑誌》3—37）（1892 年）。

内藤虎次郎:《倭面土国》（《芸文》2—6）（1911 年）。

稲葉君山:《漢委奴国王印考》（《考古学雑誌》1—12）（1911 年）。

中山平次郎:《漢委奴国印出土状態より見たる漢魏時代の動静に
　　　 就いて》（《考古学雑誌》5—2）（1914 年）。

楊守敬:《委奴国王印考》（《考古学雑誌》5—6）（1915 年）。

白鳥庫吉:《倭女王卑弥呼問題は如何に解決せらるべきか》（《史
　　　 学雑誌》38—10）（1927 年）。

志田不動麿:《委面の意義と邪馬台国在南方論の否定》（《史苑》
　　　 4—5）（1930 年）。

藤田元春:《後漢書の倭奴国（委奴と倭奴）》（《上代日支交通史の
　　　 研究》所収）（1943 年）。

藤間生大:《埋もれた金印》（1950 年）（第 2 版、1970 年）。

水野祐:《倭奴国考》（《史観》48）（1957 年）。

栗原朋信:《漢帝国と印章——“漢委奴国王”印に関する私印説
　　　 への反省》（《古代史講座》4、補論）（1962 年）。

第二章　邪马台国

——魏使与女王

《魏志·倭人传》

以公元184年发生的黄巾起义为开端，东汉王朝迅速走向衰落。继而董卓于中平六年（189年）进入都城，任意废立皇帝，逐渐进入群雄割据的动乱时代。其中，魏的曹操尤为突出。到了曹操的儿子曹丕统治时期，魏最终取代了汉王朝。这是公元220年的事情，至此汉王朝已是名实俱亡。接着四川地区的刘备和江南地区的孙权也分别称帝，由此进入了魏、吴、蜀对立的时代，这就是所谓的三国时代。

谈到三国时代，人们已经通过以诸葛孔明、关羽、张飞等人为主角的小说《三国演义》有了一定了解。但《三国演义》是在后世民间流行的说书和杂剧的基础上，由元末明初的罗贯中根据正史改写而成的历史故事。罗贯中当时所依据的正史主要是《三国志》。《三国志》由《魏书》《吴书》《蜀书》三部分构成。其中《魏书》由《帝纪》（皇帝的传）和《列传》（臣下的传）组成。在《列传》的最后一部分，有关于周边各个国家和民族的记载，其中有一部分是《东夷传》。而在《东夷传》中，有一部分就是"倭人"条。

因此，所谓的《魏志·倭人传》，准确地说应是《三国志·魏书·东夷传·倭人条》。由于这样表达过于冗长，因而使用其略称。

《倭人传》开头部分首先记载了日本的大体位置是在带方郡（东汉末期在朝鲜设置的郡，其郡府在现在的汉城^①附近）东南方向的大海中。同时，《汉书·地理志》记载日本原先有百余国，当时（三国时代）派来使节的有 30 国。这就是《倭人传》的开头。

接着记载了去往这个倭国的路径。其记载如下：

> 从郡至倭，循海岸水行，历韩国，乍南乍东，到其北岸狗邪韩国，七千余里，始度一海，千余里至对马国。其大官曰卑狗，副曰卑奴母离。所居绝岛，方可四百余里……
>
> 又南渡一海千余里，名曰翰海。至一大（支）国，官亦曰卑狗，副曰卑奴母离。方可三百里，多竹木丛林，有三千许家……
>
> 又渡一海，千余里至末卢国，有四千余户……
>
> 东南陆行五百里，到伊都国，官曰尔支，副曰泄谟觚、柄渠觚。有千余户，世有王，皆统属女王国，郡使往来常所驻。东南至奴国百里，官曰兕马觚，副曰卑奴母离，有二万余户。东行至不弥国百里，官曰多模，副曰

---

① 2005 年 1 月 19 日汉城改名为首尔。

卑奴母离，有千余家。南至投马国，水行二十日，官曰弥弥，副曰弥弥那利，可五万余户。南至邪马壹（台）国，女王之所都，水行十日，陆行一月。官有伊支马，次曰弥马升，次曰弥马获支，次曰奴佳鞮，可七万余户。自女王国以北，其户数道里可得略载，其余旁国远绝，不可得详。次有斯马国……（十九个国名，省略）……次有奴国，此女王境界所尽。其南有狗奴国，男子为王，其官有狗古智卑狗，不属女王。自郡至女王国万二千余里。

魏使渡海而来的路线

九州说与关西说

根据以上记载，究竟应视邪马台国为何处呢？对此自古以来就有十分激烈的争论，其中最受瞩目的是被大家所熟知的九州说和关西说之争。

从朝鲜半岛出发，需经过对马和一支（壹岐），方可到达末卢国。末卢国一般被认为是筑前松浦郡，大概就是今天的唐津附近。从末卢国再往东南行 500 里，就到达伊都国。普遍认为伊都国在怡土郡一带，即第一章所说的以丝岛郡三云周边为中心的国家。从伊都国再往东南行百里处便是奴国。这大概就是接受光武帝所赐金印的奴国，即以福冈县春日市须玖一带为要地的国家（有关不弥国的位置尚未明晰，可能是福冈县粕尾郡的宇美）。

总而言之，这些地方全部在北九州沿海或其相邻地带。但据《魏志》记载，从这里向南方前进抵达的是投马国和邪马台国。如果是从北九州沿岸向南推进，那么除了在九州之内来寻找邪马台国，别无他法了。这种重视方位的观点，是产生邪马台国九州说的直接原因。

然而另一方面，如果注意一下里程，有如下记载，"南至投马国，水行二十日"，"南至邪马台国，女王之所都，水行十日，陆行一月"。如果从投马国再水行 10 日、陆行 1 月，那么邪马台国就成了从北九州沿海出发需要水行 1 月、陆行 1 月的迢迢千里之地。如果向南推进，就会纵贯九州，抵达冲绳群岛。由此便有观点认为"南"是"东"的错误，应从关西地方（或者是关西以东的地方）来寻求邪马台国所在地。

也就是说，方位记载对九州说有利，里程记载则对关西说有利（反过来说，里程记载对九州说不利，方位记载对关西说不利）。江户时代的大学者新井白石根据里程而主张关西说；另一位大学者本居宣长则注重方向，认为陆行1月的"月"是"日"的脱误，而主张九州说。由此为发端，这两种主张互相抓住对方的弱点，同时强调对己方主张有利的部分，持续进行无休止的争论。

"二战"前有代表性的争论发生在内藤湖南（虎次郎）和白鸟库吉之间。内藤湖南认为，从中国古书的记载来看，"南"可以理解为"东"，投马国是周防国佐婆郡的玉祖（现在的三田尻），邪马台国是大和，而卑弥呼就是《日本书纪·景行天皇纪》记载的倭姬命。白鸟库吉以方位为根据，反对重视里程距离的观点，同时又注意到从带方郡到不弥国有10700余里，如果从"自郡至女王国万二千余里（1.2万余里）"中扣除这段里程，剩下的仅为1300里。因此，白鸟库吉认为不可能到达畿内，邪马台国必须在九州北部来寻找，大概位于筑后国山门郡附近。

在这些争论中，榎一雄提出的"放射式读法"具有划时代的意义。

　　始渡一海，千余里至对马。……又南渡一海千余里，名曰瀚海，至一大（支）国。……又一渡海，千余里至末卢国。……东南陆行五百里，到伊都国。……东南至奴国百里，……东行至不弥国百里，……南至投马国，二十日，……南至邪马壹（台）国，女王之所都，水行十日，陆行一月……

　　榎一雄以上述记载为出发点，发现以伊都国为界，记载方法有所不同。即在伊都国以前，如"又南渡一海千余里，……至一大国""东南陆行五百里，到伊都国"等，都是先说方位（南、东南）和距离（千余里、五百里），再列出所到达的地方［一大（支）国、伊都国］。但是从伊都国以后，如"东南至奴国百里""南至投马国，水行二十日"等，则是先说方位（东南、南），再列出地名（奴国、投马国），然后才表明距离（百里、水行二十日）。

　　前者叙述的是从朝鲜半岛南岸的狗邪韩国出发，经过对马国、一支国、末卢国而抵达伊都国的路线。与此相对，后者叙述的则是从伊都国出发，分别抵达奴国、不弥国、投马国和邪马台国的方位和距离，并未说明从伊都国经由奴国、投马国抵达邪马台国的路线。

　　总之，榎一雄认为从狗邪韩国到伊都国是直线式记载，而从伊都国到奴国、不弥国、投马国和邪马台国，则是以伊都国为起点的放射线式的记载[1]（后来牧健二又注意到，这段记载仅在开头关于狗邪韩国和伊都国的叙述上使用了如"到伊都国"的"到"字，其余部分全部使用"至"字，以此完善了榎一雄的说法。《倭人传》的作者作为讲究文字的中国历史学家，在有关伊都国部分均使用"到"字，其他则使用"至"字，应该是包含某种意义的）。

　　另外，志田不动麿曾论述"水行十日，陆行一月"这段记载，应该解释为"如果水行的话十日，如果陆行的话一个月"。榎一雄也提出，到邪马台国去并不是需要从伊都国水行 10 日，进而在此基础上再陆行 1 个月，而是并列的记载，意思是如果水行需 10 日；如果陆行则需 1 个月，即 30 日的行程。后世的史书《唐六典》"户部"条记载：

> 凡陆行之程，马日七十里，步及驴五十里，车三十里……

将这段话翻译过来的意思是："凡陆行的行程，如果骑马，一天70里，如果步行和骑驴则50里，如果坐车则30里……"这样看来，一天步行的标准是50里，所以30日则为1500里。因此，榎一雄认为，可以推断伊都国与邪马台国的距离大致为1500里。

但是，如果根据《倭人传》的记载，把从带方郡开始的距离加进去，如下表所示：

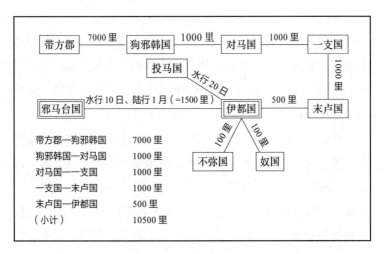

所以，带方郡至伊都国之间的距离大体上变成10500里。

《倭人传》在叙述带方郡至倭国行程的总结部分写道：

　　　　自郡至女王国万二千余里。

这表明了总里程数。如果从"一万二千里"中扣除"一万五百里"，则变为"一千五百里"，这同前面推断出的伊都国至邪马台国的距离恰好完全一致。

　　在做了如上一丝不差的解释之后，榎一雄推断邪马台国的位置可能是在筑紫平原的御井（现在的久留米市附近），并提出从伊都国所在的丝岛半岛到邪马台国所在的筑紫平原，照理说怎么都不要 1 个月，而将其记为 1 个月，是因为有如下记载：

　　　　……到伊都国，……世有王，皆统属女王国，郡使往来所驻。

即魏使通常在伊都国停留，没有从这里再往前进，有关伊都国更远处的情况，都是魏使从传闻中听说的。也就是说，与事实有出入的"1 个月这一数字，或是将倭人所说原样记下来，或是将 1500 里的里数换算为日数，必定是二者之一"。

　　榎一雄还论述，若熟读《倭人传》，便会明白魏使绝没有同女王会过面，因为"由于女王不是世俗权力的行使者，而是国民信仰的中心这一特殊情况，因此女王可以不直接召见魏使"；同魏使直接交涉的，大概是特别设置在伊都国，"作为女王的世俗权力的代理人一大率"[2]（"自女王国以北，特置一大率，检察诸国，诸国畏惮之，常治伊都国……"）。

　　榎一雄的上述主张，得到了许多人的赞同，并出现了像牧健二等沿着这一线索加以完善的人。

对榎说的疑问及山尾说

长期以来，一般认为九州说在方位方面有利，在里程方面则不利。榎说因为把其不利方面反转作为九州说的新根据，由此受到热烈欢迎是理所当然的。而且通过牧健二等人的补充论证，进一步加强了逻辑上的完备性，因此在"二战"后文献史料方面，出现邪马台国九州说压倒关西说的趋势。近年来的"古代史热"中，相继出现了许多历史学家或历史学家领域之外的人发表关于邪马台国的意见。其中以九州说居多，这是这种趋势的自然结果（当然，站在更高处来考虑，所谓邪马台国问题，其核心是把日本的建国时期置于何时，是关系到全面理解日本古代史的问题。所以毫无疑问，九州说占据优势也必须联系整个古代史的现实情况加以把握。关于这些问题，在后面还将略微触及）。

确实，榎说中确有许多值得肯定的地方。

首先是放射线状的解释方法。榎一雄以《新唐书·地理志》上所引贾耽的文章为参照，指出在伊都国以后应解读为放射线状。其他地方也有这样的例文（牧健二也这样指出过），《汉书·西域传》有如下记载：

> 大宛国，王治贵山城，去长安万二千五百五十里……东至都护治所四千三十一里，北至康居卑阗城千五百一十里，西南至大月氏六百九十里。北与康居、南与大月氏接。

这里的记载方法与《倭人传》的"东南至奴国百里""东行

至不弥国百里"（方向、国名、里程）是相同的，其表示的是从大宛国的贵山城至都护治所、卑阗城和大月氏的方向和里程。这样看来，按照中国古汉语的用法，把《倭人传》中伊都国以后的记载理解为以伊都国为起点，也易于为人所接受。

其次是关于"水行十日，陆行一月"的解释。参照《汉书·西域传》的用例以及《旧唐书》《宋书》等书中所见的用法，可以说并列式的理解应该是正确的解释方法。

在中国文人的表达中，可以看到像"白发三千丈"这样的过分夸大的修辞法。但在对待具体数字时，他们通常连十分细微的部分也考虑得细致周到，至少在形式上始终保持极为完备的逻辑性。就《倭人传》来说，各国之间的里程和带方郡至女王国总计1.2万里的里程之间，当然是有逻辑上的统一性的。从这层意义上也可以说，完备的榎一雄说具有值得肯定的优点。

但需要强调的是，史料编纂者的意图具备完备的逻辑性，同史料是否反映了事实，是性质不同的两个问题。以《倭人传》为例，《魏志》的作者陈寿做到了所述里程和日程记载的逻辑相统一，榎一雄也准确地看到了这种逻辑上的统一。然而，如果由于某种原因陈寿的理解本身有误，从而他的逻辑未能正确地反映事实，那么就不可能从文献史料的完备解释中，直接地引出正确答案，即历史事实。

如果从结论方面来讲，我认为，榎一雄通过对《倭人传》的完备解释，从北九州的山门郡，进而在筑紫平原来寻找邪马台国是错误的。事实上应当在从伊都国出发需要陆行1月、水行10日的地区，即关西地区来寻找邪马台国。

在这一点上颇富启发的是山尾幸久的论证。下面，我详述他的见解并结合个人看法如下：

[实际里数]

带方郡—狗邪韩国	7000 余里（≈ 3000 千米）	800 多千米
狗邪韩国—对马国	1000 余里（≈ 430 千米）	100 多千米
对马国——支国	1000 余里（≈ 430 千米）	约 80 千米
一支国—末卢国	1000 余里（≈ 430 千米）	约 40 千米
末卢国—伊都国	500 里（≈ 200 多千米）	30 多千米
伊都国—奴国	100 里（≈ 40 多千米）	20 多千米

　　如果以今天的知识来对照以上各国之间的距离，我们会发现，尽管其里程数远远超出了实际情况，但仍可以看到其具有一些基本一致的特点。如果除去一支国至末卢国之间这种极端例子（它超过了实际里数的十倍；另外伊都国至奴国的陆行里程基本上为实际里程的两倍左右，又少得极端），大体上说，是实际数字的四倍至六倍。邪马台国北九州说的错误就在于把比例上的统一性套用于伊都国至邪马台国之间（1500 里，约 600千米），于是在距离伊都国很近的地方，亦即筑紫平原等处，来寻找邪马台国。

　　山尾幸久同意榎一雄的放射线状理论。他同意伊都国至邪马台国之间相距 1500 里是历史学家（据山尾的说法，陈寿是以王沈的《魏书》为根据）根据水行 10 日、陆行 1 月换算来的，并承认也是根据这一换算方式，推导出带方郡至女王国之间的总里程为 1.2 万里。他还认为（与榎一雄一样），魏使（据山尾幸久的说法，首次来使是带方郡的建中校尉梯俊）所携带的报告书是撰写《倭人传》（《魏志·倭人传》）的基本资料，是鱼豢撰写的《魏略》，或者是据山尾幸久所说的王沈撰写的《魏书》

的"倭人"条）的基础史料，然而魏使其实并未到过邪马台国。

不过，主张邪马台国北九州说的榎一雄是从女王的神化来找寻支撑，而山尾幸久则直截了当地认为，是因为邪马台国离得太远了。也就是说，到达北九州的魏使，大概听说去女王都城所在的邪马台国还需要"水行十日，陆行一月"，便骤然而止了。

如果邪马台国位于筑紫平原一带，从被认为是位于伊都国的丝岛半岛一带出发，仅仅数日的行程。咫尺之间便可望得见女王的都城，魏使却"常驻伊都国"，没有前往邪马台国，这实在令人感到不可思议（因此，持北九州论者认为，"水行十日，陆行一月"是不愿让魏使进入都城的倭人的谎话。如果是谎话，根据这一谎话算出1500里，再通过比例上的统一性加以缩小，以此来推断邪马台国的位置，这种做法在逻辑上就是讲不通的。而假使承认魏使进入了"位于北九州的"女王国，那么《倭人传》记载的"水行十日，陆行一月"就成了奇怪的文字。如果把源自传说的"水行十日、陆行一月"认定为事实，邪马台国北九州论本身就瓦解了。应当说，取决于里程论的北九州说已陷入不能自拔的矛盾中）。

于是，山尾幸久认为"水行十日，陆行一月"这一记录含混不清，《倭人传》上表明路程的记载毋宁说"还是可信的"。因为这个记录是以从熟悉当地情况的倭人（如在《魏志·倭人传》上所见的"大率"，以及难升米、都市牛利等倭外交官）那里听来的传闻为基础的。

关于投马国和邪马台国的人口，《魏志》是用"可五万余户""可七万余户"这一推测性方式来表达的，这同断言式记载其他在对马海峡和北九州的国家的户数不同。另外，路程记载也认为以"陆行一月"为基础算出 1500 里，并以此数字为主要依据，推断出"郡至女王国"之间的距离为 1.2 万里。但《倭人传》上的记载却与此不同，并未记为 1500 里，而是用天数来记路程，这是因为它同魏使梯俊所实际走过的路程记载在史料的性质上是不同的，所以历史学家也应当考虑到这个问题。

同认为源自传说的"水行十日，陆行一月"是比较"可信"的想法相对，为什么被认为是魏使实际走过的里程记载，反而全部与实际数字大相径庭呢？而且这些数字几乎都是实测数值的四五倍乃至六倍，这又是如何造成的呢？

为了说明上述错误的根源，山尾幸久举了带方郡至狗邪韩国相距 7000 余里的例子。同时他还举了《魏志·韩传》记载的与此数字有重要关联的"韩在带方之南，东西以海为限，南与倭接，方可四千里"中的"方可四千里"。

当时的"韩"比现在的大韩民国要狭小，四千里四方（1700 多千米四方）是一个不合情理的数字〔如果以此为基准，那就等于说朝鲜半岛大体是一个南北跨度为八千里（3000 多千米）的巨大半岛，几乎达到中国大陆的南方一带，要伸到太平洋上了〕。山尾幸久认为《东夷传》的其余部分（夫余、高句丽、东沃沮等）中表明距离的数字大体是合理的，唯独对《韩传》中的这个数字与实际相差悬殊产生了怀疑。他推断这同带方郡至狗邪韩国相距 7000 余里这一错误数字有关，甚至前者（《韩传》的四千里）可能是从后者推导出来的。

那么，这个 7000 余里又是根据什么得出来的呢？山尾幸久认为"这属于不可知问题"，但也提出了一种猜想，他认为"郡使起码会报告，从郡坐船到末卢共用了几天"。而航行受气象等各种条件所左右，有可能花费了超过普遍判断的天数。而且，从《倭人传》的记载来看，中途还在各处停靠，并非直接开往目的地，这也延长了距离。以上这点是十分清楚的。如果郡使花费了超过预想的天数，并以此为基础推算出里程数，就很有可能为实际数字的好几倍。

不过，是否可以作如下考虑呢？

《韩传》上有"方可四千里"的记载，但这个"方××里"的表达方式包含两重意义。一是通常所说的四方××里；一是表示四周边长合计为××里。例如今本《汉旧仪》卷下记载：

长安城，方六十里，经纬各十五里。

这正是按照后一种意思来使用的例子。

《魏志·韩传》上的"方可四千里"，事实上是否也是这样的用法呢？这么一来，上述问题就可以做这样的解释：《韩传》和原始史料是按这个意思来使用的，而陈寿所参考的历史书的编纂者却错误地理解为"四千里四方"，并据此得出带方郡至狗邪韩国 7000 余里这个过大的数字，陈寿则在《倭人传》中原封不动地引用了这一数字。

关于跨越朝鲜、对马两海峡的里程，另有记录。这可能正如山尾幸久所说，是以天数为基准的。以上仍旧只是臆测，不过作为一种思路暂且写出来罢了。

中国人的地理感觉

下图是距我们现在正谈到的时代千年以后的明代地图，它已经将日本视为远离朝鲜半岛的太平洋上的诸岛，并且以九州为北端，以奥羽地方为南端，画成向南方伸延伸成排的列岛。在三世纪时中国人的脑海里，日本的地理位置及样貌大概也与此相似。若是那样，把前往位于关西地方的邪马台国一行记为"南行"，也就一点也不觉得不可思议了。不，倒不如说本来就应该这样理解。我想，正因为当时的中国人把邪马台国看作是位于远离九州的南方畿内地方，才萌生了这样的地理印象，并逐渐将其固定下来。

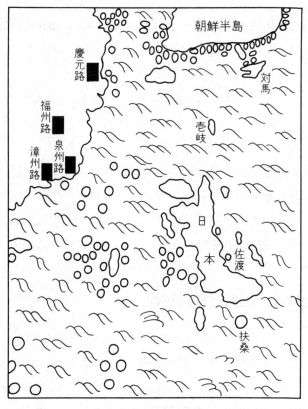

《混一疆理历代国都之图》（明代）中的日本

从这张地图上可以看到，在日本对岸的中国有福州和泉州等地名，它们都是福建省内的地名。也就是说，该地图理所当然地把日本的纬度下拉至台湾岛一带，不由得让人对其误解之深感到吃惊。不过，《魏志·倭人传》上有如下记载：

> 计其道理，当在会稽、东冶之东。

陈寿显然考虑了从带方郡出发的里程和方向，却又推断日本的位置大体应在东冶的东边一带。东冶位于今天福建省闽侯县附近，接近上述的福州。另外，《倭人传》上还比较细致地记载了日本的风俗习惯：

> 所有无（其土地的物产的有无状况）与儋耳、朱崖同。

儋耳和朱崖均是海南岛上的地名。由此可知，此时中国人完全是按南方的风俗习惯来理解日本当地的。当然，这种理解同对日本位置的误认有关。当时中国人意识中所谓的邪马台国，是遥远的南海中的女王国。

向统一国家发展的过程

我这本小书的起始时间是两千年前的公元前一世纪。因为正是在公元前一世纪，哪怕还是很小的组织，日本诞生了"kuni"（国），这些国独自或者以某种联合的方式渡海，开始同中国进行交流，并且已经能从史料中找到记载这种交流的明确证据。不过，从同大陆（包括朝鲜半岛）自发的交流层面来说，不言而喻要追溯到有史以前。

一方面，里曼海流从鄂霍次克海经由鞑靼海峡，顺着沿海南下，经由朝鲜半岛东岸到达对马海峡。另一方面，黑潮从南太平洋冲着日本列岛汹涌而来，其一部分进入对马海峡，冲刷着日本列岛的北岸。因此，里曼海流的前半部和日本海流（黑潮）的后半部很自然地形成了一个环绕日本海的环流。一般认为，初期从大陆经由朝鲜半岛渡海到日本的人，就是借助这个环流。

也就是说，在航海技术尚未发达的阶段，跨越水流急速的对马海峡并非易事，因此可以设想，从朝鲜半岛南岸各地或东部的辰韩诸国渡海到日本时，并不是跨越对马海峡直接抵达北九州沿岸，而是借助天然的环流，漂流到本州北岸地带的山阴地方和北陆地方。

根据《日本书纪·神代纪》记载，须佐之男命从高天原被放逐，下到新罗，抵达曾尸茂梨后，嫌恶那里而造舟去了出云。当然，根据这样的神话来类推是危险的，而且似乎也没有能直接证明的文物。但是据此可以很自然地推断出，山阴地方和北陆地方是来自朝鲜半岛的渡来者们最初的登陆地点。

不久后，航海技术的发展使得跨越对马海峡成为可能。跨越的路线共有两条：一条是《倭人传》所记载的从对马到壹岐、松浦半岛；另一条是从对马经冲之岛、大岛，到达宗像。实际上人们普遍认为后一条路线较前一条路线更早。不管怎么说，跨越对马海峡路线的开辟，使大陆（包括朝鲜半岛）同日本的交流变得更为直接，更为有组织。

而且，借助日本海的环流渡海，只能自大陆到日本，单方面通行；而跨越对马海峡使得从日本渡海到大陆也成为可能。
这样就拉开了以朝鲜半岛为舞台及经由朝鲜半岛的中日邦交的
序幕；同时也促成北九州沿海地带作为通往大陆的窗口而崭露
头角，形成了一个以奴国和伊都国为中心的广阔的先进地区。
第一章所说的上述诸国的活跃便印证了这一现象。

　　上述推测了大陆（包括朝鲜半岛）和日本交流路线的演变
情况。这一推测在某种程度上或许还可以成为说明日本弥生时
代以畿内为中心的铜铎圈和以北九州为中心的铜剑、铜锋圈的
对立状况的有效方法。

　　也就是如下推测：在对立的两大先进文化圈中，关西是更
先进的地区，其先进性表现为三世纪诞生了女王所君临的邪马
台国。

　　除了有关路程和户数之外，《魏志·倭人传》还有比较详细
的关于风俗和社会制度的记载：

　　　　……尊卑，各有差序，足相臣服。收租赋。有邸阁
　　国，国有市，交易有无，使大倭监之。自女王国以北，特
　　置一大率，检察诸国，诸国畏惮之。常治伊都国，于国
　　中有如刺史。王遣使诣京师、带方郡、诸韩国，及郡使倭
　　国，皆临津搜露，传送文书赐遗之物诣女王，不得差错。

从前后的文意来看，上述设置监督市场的"大倭"[3]，以及驻
在伊都国、职务相当于刺史、专门负责"检察诸国"的"一大
率"，当然是附属于女王国，即邪马台国的。由此看来，位于
关西的邪马台国女王的命令，已经波及到遥远的北九州沿海地
带——开向大陆的大门。

在末卢、伊都、奴、不弥等北九州诸国中，一般认为在公元一世纪时被授予金印的奴国是最有势力的。但到了《倭人传》所描绘的三世纪时，一般认为实力方面最强的是户数不多（不过，《倭人传》上记载的"千余户"可能是"万余户"的脱误）的伊都国。可作为佐证的是，伊都国不但是魏使的"常驻所"，还设置有女王国所派遣的"一大率"，而且仅在伊都国"世有王"。

邪马台国的命令是何时波及北九州地区的，当然还不清楚。不过，《后汉书·倭传》记载，桓（桓帝）灵（灵帝）间（147—188），倭国大乱，互相攻伐，后来共立名叫卑弥呼的女子为王，才终于安定下来。暂且以此段记载作参考，那也就可能是在二世纪末叶。这时在北九州地区大概已经形成了以伊都国为中心的多个国家的联合体。

假如第一章所说的倭的"面土国"就是"伊都（回土）国"，那么可以认为这个联合体是在公元二世纪初期前后形成的。这姑且不论，单论在如此先进的北九州地区的重要国家伊都国设置"一大率"，像刺史一样检察诸国，且诸国均畏惧它，就足以说明远在畿内的政治势力的强大。

另外，"一大率"不仅拥有对内的职能，正如"王（邪马台国女王）遣使诣京师、带方郡、诸韩国，及郡使倭国，（一大率）皆临津搜露，传送文书（及从中国等处来的）赐遗之物诣女王，不得差错"所说的，它还负责与外界接触。

这些情况表明，在三世纪时，日本以邪马台国为中心（当然还不是完全的中央集权国家），已经形成了十分集中的联合体，其在某种程度上已具备了统一的国家的职能。既然认为邪马台国位于关西，自然就会做这样的推测。

不过，以上的推测并不意味着三世纪时君临关西的邪马台国与后来的大和朝廷直接相关。

当然，这种可能性是很大的。应当充分考虑到，包括畿内内部势力的对抗和消长，关西势力的优势是在三世纪中叶确立的。这种优势作为一个整体直接为后世所继承和发展，从大王国家向天皇国家演变。然而，也存在其他可能性。如一部分学者所说，九州势力的东征也确有可能。但由主张邪马台国九州说的人来提倡九州势力的东征是不合情理的。如果站在关西说的立场上，就可以理解为九州势力在三世纪下半叶以后，发生了戏剧性的逆转。

另外还有江上波夫等人提出的所谓骑马民族征服说（这一观点认为，骑马民族"天孙族"的大批人马从朝鲜半岛强行渡海，控制了九州，进而向濑户内海东进，进入关西地区，建立了大和朝廷），也是饶有趣味的观察视角，恐怕不应一概否定。

一般认为，与"二战"前相比，"二战"后主张邪马台国九州说的人数有增多的趋势。其大半原因可能是源于人们对战前皇国史观的反感，想尽可能将日本的建国时间往后推移的意图在无意识中起了作用（如果主张关西说，姑且可以说三世纪时走向统一的进程已取得了相当的进展；如果主张九州说，则把与关西势力的对决留到了下一个时代[4]）。

不过，即使主张邪马台国关西说，也并不能直接确定日本的建国时间。因为可以设想，在卑弥呼死去的三世纪中叶以后，为了实现日本的真正统一，肯定还发生过许许多多的迂回、曲折。邪马台国问题应做进一步的虚心探讨。

顺便说一下，近年来发表的关于邪马台国的大量文章中，还包括了许多历史学家以外的人士发表的见解。而且出现了主张九州说的人占压倒性多数的有趣现象。这点暂且不论，在这些文章中，似乎既有颇富启发性的见解，同时也包括不少用不太学术的论证方法来任意发表的观点。而即使是富有启发性的见解，也让人感到未必是在正确理解史料的基础上发表的议论，其中有些根本就是基于对史料的误解。

松本清张的观点颇具代表性。

对松本说的异议

松本清张发表了以《古代史疑》为主的许多邪马台国及其相关的论证。贯穿于这些论证的同一特点是，强调中国设在朝鲜半岛的驻外机构带方郡对日本北九州地区带来了深厚影响。

松本主张九州说，并表示大体上赞成发展了榎（一雄）说的牧（健二）说。牧说认为，女王国以北的"对马、一支、末卢、伊都、奴、不弥"六国并不在女王国联合体内，而是女王国的"属领地"。松本认可牧说的上述见解。

然而，在松本的主张中，这个特别的属领地区并不是女王国的属领地，反而是脱离了女王国统治，在倭国内具有治外法权的特别地区。松本将其理解为带方郡的统治权力可直接到达的特别行政地区。

《倭人传》记载：

> 自女王国以北，特置一大率，检察诸国，诸国畏惮之。常治伊都国，于国中有如刺史……

松本认为上述记载开头部分的主语是带方郡，并把起到刺史作用的"一大率"理解为带方郡派来的军事检察官。

迄今为止，无论是主张九州说的人，还是主张关西说的人，都一致认为将"一大率"解释为"女王国"所派遣来的人是没有问题的。但松本说否定这一点，认为北九州一带是带方郡的特别行政地区，并说"这让人联想到第二次世界大战后在日本设立的拥有实权的盟军最高司令部"，"大率担负的任务大概就类似盟军最高司令部的参谋部"（《〈倭人传〉"一大率"新考》，《朝日新闻》1975 年 2 月 13、14 日晚刊）。这是极为独特的见解，颇有意思。

不过，他对支撑这一独特见解的史料的解读方法，却是令人担心的。

例如，原文记载：

> 王遣使诣京都、带方郡、诸韩国，及郡使倭国，皆临津搜露……

一般解读为："王派遣使者到京都、带方郡、诸韩国，及郡遣使倭国，皆临津搜露……""临津搜露"的主语为这段文字前的"一大率"。但是松本却把这段文字解读为："王派遣使者到京师、带方郡、诸韩国。及郡使之倭国，皆临津搜露……"（《古代史疑》）。把这一串文字断为两段，并把后一段的主语理解为是郡使。他说："……'及郡使'的'使'，在此处并不是动词的'使'，而是'郡使'这两个字相结合的名词。其他地方也有'郡使常所驻'的用法，为什么只有这里必须解读为'郡遣使倭国'呢？"松本进而得出结论："从'及郡使之倭国'的'及'字上，就给人一种权力君临的感觉。"

确实，这一段文字令人费解，由于文意有难以理解的地方，正如那珂通世所指出的，说不定有缺漏和错误。可是，仅就现存的文章来理解，尽管"有点奇怪"（《古代史疑》），但除了公认的那样，把"及郡使倭国……"的"及"字解读为接续词，"使"字解读为动词，别无他法。就文法上来说，不可能有其他读法。

松本说把"及郡使倭国……"的"及"字解读为动词，把"郡使"当作它的主语。而为了使这种解读方法能够成立，就必须把"及郡使倭国……"的"及"字移到"郡使"的后面。不过，哪怕是这种表达方法，我想恐怕也是解释不通的。总之，松本式的解读方法是一种忽视了最基本的汉语文法的解读。

此外，松本还把"常治伊都国"的"治"字解读为"治理"，并论述："……所谓'治'，按此处的字面解释是'治理'的意思。如果派遣一大率的是魏的驻外机构带方郡，则正好表现出了'治'的性质"（《古代史疑》）。但这里的"治"不是"治理……"的意思，而是"在……治所"的意思。关于这一问题，他在此后的论证（前文《朝日新闻》晚刊所收）中写道："'治'并不单单只是驻留，而有治所之意。在《汉书·西域传》中，……充满了'治'的用例。"这是正确的解释，但在同一论文的其他部分却又写道："在《倭人传》的'伊都国'项上有'世世有王，但皆统属于女王国'（岩波文库版）的记载，原文是'世有王，皆统属女王国'。这里应读为'世世有王，皆统属着女王国'之意，才和后面的意义相通。"

松本认为："这是一篇陈寿记载伊都国历史的文章，其意思是：'现在称为女王国的区域，原先（公孙氏时代）由伊都国的历代王所统辖。'"并且，"'统属'的'统'，是统辖的意思。属只解释为'属'就可以了。《汉书·西域传》全都写作'属'与'不属'。《倭人传》就载有狗古智卑狗'不属'女王的字句。""不过,'统属'的用例在《汉书》上也不多见。我认为此处的'统'字是重点。如果按照'世世有王,皆统属于女王国'的释读,文字上是不沉稳的……"松本更正了自古以来的译读方法,但这种译读是十分奇怪的。

《魏志·倭人传》并不是陈寿的独创性记载,而是参考了其他的史书。自内藤湖南以来,认为《魏志·倭人传》参考了鱼豢的《魏略》的观点已经成为定论。《魏略》(《翰苑》所引《魏略》逸文)有如下记载:"其国王皆属女王也。"也就是说,因为陈寿把《魏略》上的"属女王"改为"统属女王国",所以"统属"当然应作为"属"的同义语来理解。这部分根据通说的解释,应该读为:"世世有王,皆统属于女王国。"

另外,松本在论文的最后写道:"……'女王国以北'包括女王国,'自女王国以北'则不包括女王国……"这部分内容在探究一大率的行政范围,乃至在探究其性质上,是十分重要的内容,同时也是较难理解的内容。但在文法上,则与松本所断言的记载相反。汉语通常的表达方法是:"××以北"同"自××以北"为一个意思,都表示"××"包括在以北之中。虽然十分烦琐,但慎重考虑,试着举一些史料。《汉书·地理志》记载:

> 自武威以西,本匈奴昆邪王、休屠王地,武帝时攘之,初置四郡,以通西域,鬲绝南羌、匈奴。

此处的"武威"是否包括在"以西"之中呢?如果根据松本的

观点，在写成"自××以西"的情况下，"××"不属于"以西"的范围，即"武威"就不是匈奴王之地了。如果参照《地理志》的其他部分，可见"武威郡"的记载。"武威郡"中的注释是："故匈奴休屠王地。武帝太初四年开……""武威"原是匈奴王之地，因此前文清楚地表达了包括"武威"在内的武威以西地区曾是匈奴王之地。

松本说基于对汉语的理解。但如果说"及郡使倭国……"以下的文字的主语并非郡使，一大率所检察的"自女王国以北"包括了女王国，伊都国也是代代"统属于女王国"，松本说认为"'一大率'是带方郡所派遣的军事检察官，北九州沿海地带并非女王国所统属，而是带方郡的特别行政地带"的观点，就很难得到认同了。

无论多么有趣的高见，只有建立在对史料正确理解的基础上，才能获得人们的认可。我所讨论的似乎只是细枝末节，但只有正确地把握这些细微环节，往往才能触及"学说"的根本。

卑弥呼的目的

那么，在魏使访问日本、女王卑弥呼的使者万里迢迢前往带方郡以至都城洛阳的时代，中国本土和朝鲜半岛又是怎样的情况呢？

自公元184年发生黄巾起义以后，汉王朝（东汉）便踏上了衰落的道路，虽然在名号上还是东汉时代，但实际上已经进入了三国的动荡期。当时，公孙氏占领着位于朝鲜半岛最南部的辽东一带。中平六年（189年），公孙度成为"辽东郡太守"。

到了他的儿子公孙康时代，把乐浪郡完全置于其统治之下，并新设置了带方郡。《魏志·韩传》记载：

> 建安中，公孙康分屯有县以南荒地为带方郡，遣公孙模、张敞等收集遗民，兴兵伐韩灭，旧民稍出，是后倭韩遂属带方。

因为公孙康继承父位是在建安九年（204年），所以新设置带方郡的时间也应是在公元204年以后不久。日本方面，当时卑弥呼已即位为邪马台国女王，同时掌握了统辖着松散联合体的倭国的领导权。《韩传》记载"是后倭韩遂属带方"，也就是说，在卑弥呼的倡导下，邪马台国对于公孙氏在朝鲜半岛上建立的类似独立王国的政权，抢先采取了从属的姿态。

公元220年，东汉名实俱亡，历史进入了三国（魏、吴、蜀）鼎立时代。但东北边陲上的公孙氏政权势力在三国时代仍然存在。对魏国来说，公孙氏政权是同吴、蜀并列的外忧之一。并且等到发现占据江南的孙权与公孙氏有相互勾结的动向时，魏国的忧患便表面化了。景初二年（238年），魏国派遣名将司马懿前去讨伐。

景初二年秋八月，司马懿包围了辽东郡的治所襄平，大破公孙渊，并将其首级传至洛阳。据《魏志·倭人传》记载，女王卑弥呼第一次向魏王朝派遣使节是在景初三年。[5]事实上正值公孙氏覆灭的第二年。女王卑弥呼此前一直依附于公孙氏政权，向魏国派遣使节，大概是为了应付公孙氏政权灭亡这一紧急事态而想到的起死回生的妙招。从卑弥呼态度变化之快可以看出，当时日本的当权者充满了非同寻常的警惕性。

访魏使节的首席是难升米，次席是都市牛利。他们携带男奴隶4名、女奴隶6名、斑布2匹2丈，通过新近直属魏国管辖的带方郡，万里迢迢来到都城洛阳，请求进贡。这与至带方郡相比，要多出一倍的路程。

对此，魏帝（魏明帝）下诏敕曰：

> ……汝所在逾远，乃遣使贡献，是汝之忠孝，我甚哀汝。

任命卑弥呼为"亲魏倭王"，授予金印紫绶。

另外还赐予金帛和五尺刀（两把）、铜镜（百枚）等大量的物品，对难升米等使节也极为郑重地进行了接待。众所周知，刻有"景初三年"的三角缘半圆方形带神兽镜已从大阪府和泉市的黄金冢古坟中出土，一般认为它就是当时所赐予的铜镜之一。[6]

第二年（240年），建中校尉梯俊等人携带上述诏书和金印紫绶等物品特意来访日本，其目的大概是为了视察倭国。这是最初的魏使。

三年后的正始四年（243年），倭王卑弥呼[7]第二次派出使者（伊声耆等8人），并献上生口（奴隶）及倭锦、帛布、丹等。

然而，此后数年，魏国和日本都发生了不测。从魏国方面来说，朝鲜半岛南部的当地势力在带方郡发动叛乱，导致带方郡太守弓遵战死。从正始八年（247

黄金冢古坟出土的景初三年铜镜（东京国立博物馆所藏）

年）新太守赴任一事来看，当时似乎已经平定了叛乱。同时，卑弥呼向带方郡报告了与国内敌对势力狗奴国作战的情况，可见倭国方面也发生了不寻常的事态。带方郡派出塞曹掾史张政等前来授予诏敕和军旗，以勉励卑弥呼政权。

这么看来，女王卑弥呼积极地与带方郡来往，派使节不远万里来到洛阳，对魏表示臣服，其原因之一无疑是出于对内的考虑，即卑弥呼既作为邪马台国女王，同时又是倭国王。作为"亲魏倭王"加入当时中国的中心王朝的册封体制，这对于提高卑弥呼作为各国联合体且君临各国之上的"倭国王"的权威，大概极为有效。而且，在同狗奴国等"不归顺"敌对势力相较量的时候，能够得到更加具体的援助，即便只是精神上的援助，但对于"邪马台国女王"兼"倭国王"的卑弥呼来说，无疑是一个极大的鼓励。

不过，卑弥呼的"亲公孙氏外交"以及在此基础上展开的"亲魏外交"的真正目的恐怕还在别处。那就是对朝鲜半岛的关注。

当时日本是否已在朝鲜半岛的一角以某种形式占有"倭地"尚不清楚。但也绝不能断言"没有此事"。

《倭人传》的开头部分记载：

> 从郡至倭，循海岸水行，历韩国，乍南乍东，到其北岸狗邪韩国，七千余里……

一般认为狗邪韩国位于朝鲜半岛东南岸的金海一带。《倭人传》的其他部分还记载：

> 参问倭地，绝在海中洲岛之上，或绝或连，周旋可五千余里。

关于"周旋可五千余里"中"五千余里"这一数字的来源，（如上所述）可能是从"自郡至女王国万二千余里"的一万二千余里中，扣除带方郡至狗邪韩国之间的七千余里而算出来的。要是这样，倭国的领地就只能认为始于朝鲜半岛东南岸的狗邪韩国（陈寿等人提供了让我们这样认为的根据）。

不仅如此，《魏志·韩传》的开头部分记载：

> 韩在带方之南，东西以海为限，南与倭接。

《牟辰传》也明确记载：

> 其渎卢国与倭接界。

不言而喻，这个"接"是表达地界相连的意思。这些问题内藤湖南和稻叶君山早已指出，但主张邪马台国九州说的学者们（白鸟库吉、桥本增吉等）都认为这"……除了视为谬误，没有其他的解释方法"[8]。不得不说，这是一种无缘无故的否定。

《牟辰传》还记载：

> 国出铁，韩、濊、倭皆从取之。

这段记载很重要。卑弥呼统治下的邪马台国之所以把朝鲜半岛放在十分重要的位置，也许不是因为别的，而是出于对铁的关注。这点姑且不论。恐怕还应当认为这段记载表明了：在朝鲜半岛上可能不仅是单纯的经济权益，同时还存在可以作为某种据点的政治权益，即朝鲜半岛上有倭国的领土。

当然，我所说的上述情况并不一定意味着日本在三世纪时就已经侵入朝鲜半岛南部的土地，企图搞殖民扩张。不过，我也不敢苟同所谓骑马民族征服说。我认为，北九州一带同朝鲜半岛南部沿岸地带在历史上有着亲近性和一体性。如果充分发挥想象力，由于这种一体性，可能存在一个以伊都国为盟主，北九州诸国同朝鲜半岛南部沿岸诸国形成联合体的时期，而邪马台国则有可能从最高层对其加以控制。不难想象，在这种情况下，邪马台国的主要关注点在于确保朝鲜半岛南部的铁资源。

沿上述思路考虑，便可明白卑弥呼"……所在逾远"，而万里迢迢派遣使者到魏都城去开展亲魏政策。开展对"大陆"外交的真正目的，实际上是为了开展对"朝鲜半岛"外交。只有这样考虑，才能理解为何当公孙氏设置带方郡、开始在朝鲜半岛南部发挥影响力的时候，"倭"就抢先以从属姿态同它往来。当公孙氏一灭亡，"倭"就摇身一变，立刻向灭掉公孙氏的魏国誓表忠诚，获得谅解。这说明以卑弥呼为首的女王国的统治集团最关心的大事，是确保其在朝鲜半岛南部的政治权益和经济权益。

根据近年来考古学方面的知识和观点，弥生时代前中期的遗物中铁器很少，即使有，也是外来的成品。但从弥生时代后期（二三世纪）到古坟时代前期（四五世纪），就大大增多，并且不是外来的成品，而是用从朝鲜进口的原料锻造制作的。而且，据说这些原料是以铁板的形式进口的，且出土地仅限于大和、河内等关西地区。这一事实可以说是富有启发性的。

卑弥呼以后

卑弥呼死亡的年代不明。

《北史》记载："正始中，卑弥呼死。"如果这段记载是正确的，由于正始年号只到九年（248 年）就结束了，同时正始八年时卑弥呼又曾亲自派遣使者去带方郡，所以卑弥呼的死亡时间应在正始八年到九年之间。

卑弥呼的死，大概给邪马台国内外带来了巨大的冲击。

《倭人传》记载："（墓葬）径百余步（直径约 150 米），徇葬者奴婢百余人。"虽然有人对这个记载的可靠性存疑，但关于魏使张政等人在邪马台国停留期间所发生事情确有可信的理由，而没什么可怀疑的根据。

《倭人传》接着记载："更立男王，国中不服，更相诛杀。"这是衬托出卑弥呼伟大的记载。从"当时杀千余人"的数字来看，这并不是整个倭国大乱，大概只是在邪马台国国内发生的内乱。不久，"复立卑弥呼宗女台（壹？）与，年十三为王，国中遂定"。

台与即位后立刻送还魏使，同时派遣掖邪狗等 20 人，携带 30 名生口等，赴魏都洛阳。这里大概包含着即位致敬的意思吧。

《魏志·倭人传》的记载就此结束。参照《日本书纪·神功皇后纪》"六十六年"条所引的《晋起居注》记载："（晋）武帝泰始二年十月，倭女王遣重贡献。"（在《晋书·武帝纪》和

《倭人传》上也有大体相同的记载）这大概是由于魏覆灭和晋（西晋）创建均发生于泰始元年（265年），因此立即来拜谒致敬。同卑弥呼时期一样，这次的对策也如此迅速，耐人寻味。

然而，不仅是关于邪马台国的记载，就连关于整个日本的所有记载，都截止泰始二年的朝贡记录而突然结束。下一个有关日本的记载，出现在东晋时代快要结束的义熙九年（413年），所以日中之间的交流实际上存在着将近150年的空白期。

之所以完全没有记载，是因为没有任何原始记录。如果有，哪怕就像义熙九年那样的片言只语（只记载："是岁，高句丽、倭国及西南夷铜头大师并献方物。"），在这150年间也会以某种形式在某个地方被记录下来。之所以没有记录，恐怕只能认为这150年间日本同中国完全没有官方的交流。[9]

假如日中之间真的没有交流，那是什么原因导致的呢？可能是由于三世纪末叶以后，日本突然进入了极为激烈的内战时期，即诞生强大的中央集权国家所必须经历的激烈的胎动期。也可能是由于八王之乱（291—306年），大陆地区，特别是华北地区，忙于应对入侵的五胡而发生了混乱。

不管是什么原因，总之在长达150年里，中国的史料中不存在有关日本的任何记载。并且，邪马台国刚在古代史中创作出一片幽暗的空白部分，也稍露片刻便立即消逝了踪影。

注　释

[1] "二战"前的安藤正直也持同样的见解（虽然论据不同）。参照安藤正直《邪马台国并不在福冈县山门郡》（《历史教育》2—5、6、7）

（1927 年）。

[2] 榎一雄：《关于魏志倭人传中的里程记事》（《学艺》33 ）（1947 年）。

[3] 关于大倭，有人把它解释为大和朝廷，有人认为是指各国的大人。

[4] 如果让我顺便说说旁观者的外行话，本文所述的这种热心，在考古学方面也有所反映。就古坟的建造年代来说，也让人觉得为了尽可能将时期往后拉而明里暗里付出了不可思议的努力。

[5] 《魏志·倭人传》上是景初二年，《日本书纪》所引的《魏志》和《梁书》均是景初三年。一般认为后者正确。

[6] 近年有观点认为，"三角缘神兽镜"是由吴的工匠东渡日本制作的，而不是从魏下赐（王仲殊：《三角缘神兽镜》，1992 年）。如果这个观点是正确的，即使有"景初三年"的铭文，也同《魏志·倭人传》上所载的下赐铜镜无关。但近年（1994 年）从京都府的大田南 5 号坟中，出土了铜镜"方格规矩四神兽"。该铜镜中有魏的年号"青龙三年"（235 年）的铭文。因为这枚铜镜是在"景初三年"的四年前制作，所以十分有可能是《倭人传》中记载的下赐品。又由于出土地位于京都府，因而该铜镜作为关西说的新旁证受到人们关注（1995 年追记）。

[7] 《魏志·倭人传》在记载册封卑弥呼为亲魏倭王之后，在两个地方直接称她为倭王。

[8] 桥本增吉：《关于邪马台国及卑弥呼》（《史学杂志》21—10、11、12 ）（1910 年）。

[9] 小林行雄认为，因为在魏时代大量输入的中国制造铜镜在此后不再流入，所以不得已而在国内仿制生产了三角缘神兽镜。这样一来，它自然就与文献史料上所表明的 150 年的空白期相对应了。

参考文献

新井白石：《古史通或问》（1716 年）。

本居宣长：《驭戎慨言》（1778 年）。

白鸟库吉:《倭女王卑弥呼考》(《東亜之光》5—5、6)(1910 年)。

内藤虎次郎:《卑弥呼考》(《芸文》1—4)(1910 年)。

稲葉君山:《魏志牟辰伝の濆盧国与倭接界は如何に読むべきか》
　　(《考古学雑誌》5—4)(1914 年)。

山田孝雄:《狗奴国考——古代東国文化の中心》(《考古学雑誌》
　　12—8、9、10、11、12)(1922 年)。

梅原末治:《考古学上より観たる上代の畿内》(《考古学雑誌》
　　14—1、2)(1923 年)。

志田不動麿:《邪馬台国方位学》(《史学雑誌》38—10)(1927 年)。

榎一雄:《魏志倭人伝の里程記事について》(《学芸》33)(1947
　　年)《邪馬台国》(1960 年)。

津田左右吉:《邪馬台国の位置について》(《オリエンタリカ》1)
　　(1948 年)。

藤間生大:《埋もれた金印》(1950 年)(第二版,1970 年)。

和田清、石原道博編訳:《魏志倭人伝・後漢書倭伝・宋書倭国
　　伝・隋書倭国伝》(1951 年)。

小林行雄:《古墳時代の研究》(1961 年)。

第三章　倭五王

——跨越万里

朝鲜半岛上的角逐

如前所述，关于日本在卑弥呼的宗女台（壹）与派遣使者向新诞生的晋朝朝贡以后的情况，已无法从文献史料上清楚地探知。但不管怎样，首先有一项事实是无可置疑的，即在这一个半世纪的空白期里，日本诞生了以大和朝廷为中心的强有力的中央集权国家——尽管大和朝廷的由来仍存在着种种异论。

能够具体说明这一事实的就是雄伟的古坟群——特别是前方后圆的坟墓最为常见。一般认为（根据当时的考古发现），这些古坟中最早的可以追溯到三世纪后半叶。[1]

因此可以推测，日本建立以大王为中心的强有力的中央集权国家的时间，大致是在三世纪后半叶至四世纪前半叶之间。可以推想，正是这股实现统一的强大力量，促使日本在对外关系方面采取了比三世纪时更为积极的进攻朝鲜半岛的政策。

能够体现出这一点，并在一定程度上为我们填补文献史料空白的，正是石上神宫（天理市布留）的七支刀，以及建在鸭绿江中游北岸地区的好太王碑的碑文。

七支刀是一把全长约 75 厘米的铁制双刃剑，因其左右各有三个小分支，故名七支刀。其剑身中央部分的正反两面都有铭文，由于难以读懂的文字较多，所以异说纷纭。多数观点将铭文解释为，泰和四年百济王与其世子为倭王所造。[2]

但在任何地方都找不到"泰和四年"的年号，因此有些难以理解。于是又有观点提出，是否可以推测为东晋太和四年（369 年）？确实，因为将"太和"写作"泰和"的实例散见于各处，[3] 如果根据这一观点，七支刀应为公元 369 年制造。巧合的是，《日本书纪·神功皇后纪》"五十二年"条有百济献上"七支刀"的记载。[4] 并且《神功纪》和《应神纪》在纪年上往往需要加两轮干支，即 120 年，才能得出正确的年代。所以在神功皇后在位的五十二年（252 年）上加 120 年，即公元 372 年，这就与铭文推测的年代大体一致了。

如果将两者结合起来理解，就是七支刀于公元 369 年在百济制造，并于三年后的公元 372 年赠给日本。[5] 尽管还有一些不甚明了的细节，但如果以上理解正确，那么七支刀就成为揭示四世纪后半叶日本与百济关系的珍贵史料。[6]

还有更加重要的史料，那就是好太王碑（广开土王）的碑文。好太王碑是为纪念在东晋义熙十年（414 年）去世的高句丽王广开土王（好太王）的功绩而建立的。它是一个高约 6 米的方柱，四面刻有共计 1800 余字。

关于碑文，一些朝鲜历史学家认为，拓本在拓取时被篡改过。[7] 确实各种拓本之间可见若干不同之处。我认为首先必须从正确地理解史料着手，所以暂且通过从前公开发表过的碑文来考察。其中有如下这段著名的文字：

> 百残、新罗旧是属民，由来朝驾，而倭以辛卯年来渡
> 海，破百残□□□罗，以为臣民。

认为上文的"辛卯年"为公元 391 年的看法几乎已成定论。这
一点暂且不论。问题是，近年来日朝两国的历史学家对这段文
字（权且当作是正确流传下来的文字）的阐释产生了严重的分
歧。日本长期以来将这段文字解读为：

> 百残（济）、新罗旧是属民，由来朝驾。而倭以辛卯
> 年来渡海，破百残（济）、□□、新罗，以为臣民。

而朝鲜学者则把这段文字解读为：

> ……而倭，以辛卯年来。渡海，破（倭）。百残、……
> 新罗，以为臣民。

朝鲜学者之间虽然也存在若干意见分歧，但在将"渡海，破"
这一部分的主语解释为"高句丽"方面，大多是一致的。[8]
　虽然也有观点赞同朝鲜历史学家的这种解释方法，觉得
这符合历史事实，但从文法看，"渡海……"以后突然变更
了主语，这一点还是难免令人心生疑虑。这里恐怕还是应该
像滨田耕策所主张的那样，[9] 从碑文整体的记载方式来推
断，"渡海，破……"的主语和前面的一样，解释为"倭"
才是正确的。

　　由于篇幅有限就不详细论证了。这段文字后面紧接着记载：
"以六年丙申，王躬率水军，讨科残国……"可见前面有关"辛
卯年"的记载并不是孤立的，且可以认为其表明了丙申年高句
丽王亲自发动讨伐战争的原因。

　　这样的话，这段文字就表明了四世纪末，日本在朝鲜半岛
上实施了相当激烈的军事介入。即使朝鲜历史学家的理解是正
确的，也无法否定这段文字是表明当时日本（暂且不论势力的
优劣）进占或者企图进占朝鲜半岛的一部分史料。

　　好太王碑的碑文上还有其他一些记载：

　　……新罗遣使白王云：倭人满其国境，溃破城池，以
奴客为民……

　　十年庚子，教遣步骑五万，往救新罗。从男居城至新
罗城。倭满其中。官兵方至，倭贼退……追至任那加罗，
从拔城。城即归服。

　　十四年甲辰，倭不轨，侵入带方界……倭寇溃败，斩
杀无数。

表明"倭"曾在朝鲜半岛各地发起大规模的军事行动。

　　本书的第二章已叙述过，日本在三世纪的卑弥呼时代就已
经在朝鲜半岛南部的狗邪韩国（加罗）一带占有据点。而从上
述史料中我们可以窥知，到了四世纪后半叶至四世纪末期间，
日本为了进一步扩张据点，维护并扩大其在朝鲜半岛南部的政
治权益和经济权益，发挥了更加强有力的、统一的国家力量。

　　此时日本的主要敌人是位于朝鲜半岛北部的高句丽。正如
好太王碑文上所记载的"百残（济）违誓，与倭通好"那样，

为了在同高句丽的战争中占据优势，"倭"采取了同百济联盟的政策。[10]

至五世纪，倭五王极力开展对中国外交的根本原因，就在于朝鲜半岛上存在着上述情况。

中国的状况

这里简单地叙述一下四至五世纪时中国的状况。

公元265年，晋（西晋）接受魏的禅让，建立新王朝。前已述及，西晋在八王之乱（291—306）这段皇族内乱期之后，迅速走向衰亡。而且当时华北地区经常有被称为"五胡"（鲜卑、匈奴、羯、氐、羌）的少数民族入侵。在这种混乱中，晋朝一度于公元316年迎来了灭亡的命运。但部分皇族占据了江南地区，重建了晋朝。人们称这个重建王朝为"东晋"。

另一方面，华北地区存在着由五胡所建的许多小王国，这些小国骤兴骤灭，混乱持续了一个多世纪。这就是所谓的五胡十六国时代。到了五世纪，华北也逐渐出现建立稳定政权的趋势。不久，这一趋势就通过鲜卑族的北魏王朝统一华北（439年）而得以实现。日本在隔了很长时间之后，在这段由激烈混乱时期开始向相对稳定时期过渡的时代，再次在中国史书上登场。

如前所述，东晋安帝义熙九年（413年），日本在相隔150年（严格地说是147年）之后，再次派遣使节访问中国。当时的东晋王朝，皇室已没有实权，政权被将军刘裕左右。倭使朝贡七年之后，东晋王朝名副其实地为刘裕掌控，建立了宋，取刘裕的姓，也称作"刘宋"（此后，在江南有宋、齐、梁、陈四个王朝的兴衰；另一方面，华北继北魏之后，分别建立了东魏和西魏，接着又出现了对立的北齐和北周。这段时间，胡族系统与汉族系统的王朝分别在北方和南方并立，并持续下来，因此将其称为南北朝时代）。

倭五王的遣使

刘宋王朝诞生于公元 420 年。翌年，倭王赞立即跨越"万里"来"修贡"。《宋书·倭国传》记载了这件事：

> 高祖永初二年，诏曰："倭赞万里修贡，远诚宜甄，可赐除授。"

以此为开端，五位倭王都遣使跨越万里海洋来朝贡。这就是所谓的"倭五王"的登场。

根据《宋书》中《倭国传》和《帝纪》的记载，将各次遣使朝贡的情况制成以下一览表：

永初二年 （421 年）	（前揭）	
永嘉二年 （425 年）	赞又遣司马曹达奉表献方物。	《宋书·倭国传》
元嘉七年 （430 年）	（春正月）倭国王遣使献方物。	《宋书·文帝纪》
年代不详	赞死，弟珍立，遣使贡献。自称使持节、都督倭百济新罗任那秦韩慕韩六国诸军事、安东大将军、倭国王。表求除正，诏除安东将军、倭国王。	《宋书·倭国传》

续表

元嘉十五年（438 年）	（夏四月）以倭国王珍为安东将军……是岁，武都王、河南国、高丽国、倭国、扶南国、林邑国并遣使献方物。	《宋书·文帝纪》
元嘉二十年（443 年）	倭国王济遣使奉献，复以为安东将军、倭国王。	《宋书·文帝纪》
元嘉二十年（443 年）	是岁，河西国、高丽国、百济国、倭国并遣使献方物。	《宋书·文帝纪》
元嘉二十八年（451 年）	（倭王济）加使持节、都督倭新罗任那加罗秦韩慕韩六国诸军事，安东将军如故。	《宋书·倭国传》
元嘉二十八年（451 年）	（秋七月）安东将军倭王（倭）济进号安东大将军。	《宋书·文帝纪》
年代不详	济死，世子兴遣使贡献。	《宋书·倭国传》
大明四年（460 年）	（十二月）倭国遣使献方物。	《宋书·孝武帝纪》
大明六年（462 年）	世祖（孝武帝）……诏曰："倭王世子兴……恭修贡职。新嗣边业，宜授爵号，可安东将军、倭国王。"。	《宋书·倭国传》
年代不详	兴死，弟武立，自称使持节、都督倭百济新罗任那加罗秦韩慕韩七国诸军事、安东大将军、倭国王。	《宋书·倭国传》
升明元年（477 年）	（十一月）倭国遣使献方物。	《宋书·顺帝纪》
升明二年（478 年）	（五月）倭国王武遣使献方物，以武威安东大将军。	《宋书·顺帝纪》
升明二年（478 年）	（武）遣使上表曰："封国偏远，作藩于外，自昔祖祢，躬擐甲胄，跋涉山川，不遑宁处。东征毛人五十国，西服众夷六十六国，渡平海北九十五国……（下略）……"诏除武使持节、督倭新罗任那加罗秦韩慕韩六国诸军事、安东大将军、倭国王。	《宋书·倭国传》

从上表来看，在《倭国传》的记载中，有若干条年代不详。如"赞死，弟珍立，遣使贡献……"这条记载就年代不

详。不过关于这一条记载，由于其末尾写有"除安东将军、倭国王"，而下一条所引的《宋书·文帝纪》的记载中写有"为安东将军"，可以认为二者叙述的是同一件事，所以《倭国传》中"珍"遣使可以认定为元嘉十五年。

另外，有关世子"兴"遣使的记载也是年代不明。但《孝武帝纪》中记有大明四年"倭国遣使"，根据《倭国传》记载，大明六年授予世子"兴"爵号，因此可以推想，"兴"以"济"的继承者的名义遣使进贡，当然是在被封爵之前，并且时间很可能就在大明四年。

另外，《宋书·倭国传》记载，"赞"的继承人是其弟"珍"，而《梁书》上则变成了"弥（彌）"。

《倭国传》所附"武"的上表文记载："……自昔祖祢，躬擐甲胄……"关于这位"祢"，有人认为可能是"弥（彌）"的误写。这样的话，倭五王中的第二个王就不是"珍"，而是"弥"。

关于倭五王的推断

关于倭五王，首先经常引发争论的是：这五王相当于《日本书纪》等史书上记载的日本古代天皇中的哪几位？

让我们先来看一下当时天皇的谱系。见另表（下页 A 表）。

另一方面，倭五王的谱系中，已了解"赞"和"珍"是兄弟关系，"兴"与"武"也是兄弟关系，"济"和"兴"则是父子关系，"珍"和"济"的关系尚不清楚。但《梁书》上记载：

晋安帝时，有倭王赞。赞死立弟弥（彌）。弥死立子济。济死，立子兴。兴死，立弟武。

这里明确记载了"济"是"弥"之子（如前所说，一般认为弥指的就是珍）。于是，试着参考这一关系，作一谱系，如 B 表所见。

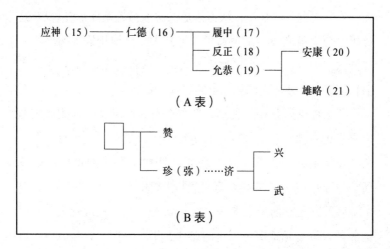

应神（15）——仁德（16）——履中（17）
　　　　　　　　　　　　反正（18）　　安康（20）
　　　　　　　　　　　　允恭（19）
　　　　　　　　　　　　　　　　　　雄略（21）

（A 表）

　　　　　　　赞
　　　　　　　珍（弥）……济　　　兴
　　　　　　　　　　　　　　　　武

（B 表）

最没有争议的，大概是将最后的"武"视为雄略天皇。因为雄略天皇讳"大泊濑幼武"，由此推测"武"可能取自讳中的"武"。关于这点，几乎没有不同的意见。

然后是将"武"前面的"兴"视为安康天皇的问题。这一点虽然不像"武"那么确定，但大体上也没有问题。因为谱系相符，而且安康天皇讳"穴穗"，普遍推测"兴"是"穗"的误传（"兴"的古音是"hyou""hou"）。

如果"武"是雄略，"兴"是安康，那么"济"也就自然确定下来了。因为"济"是"兴"和"武"两兄弟的父亲，所以把安康、雄略两位天皇的父亲允恭天皇推断为"济"的观点自然就极具说服力了。允恭天皇讳"雄朝津间稚子宿祢"。据说可能是讳中的"津"字被误传为"济"（而且两者都有"渡"的意思）。

这样一来，就剩下"赞"和"珍（弥）"两位王了。问题的关键可能是"赞"。因为只要"赞"确定了，"珍（弥）"也就可以自然确定了。

关于"赞"的推测，认为他是仁德天皇的观点最有说服力。吉田东伍、菅政友、那珂通世、岩井大慧、池田宏等诸多学者都持这一观点，几乎可以称之为通说。这种观点认为，"赞"表示仁德天皇的讳"大鹪鹩"中的"sa"字音。

第二种见解是松下见林、新井白石、白鸟清等人主张的履中天皇说。他们认为"赞"表示履中天皇的讳"去来穗别"中的"za"字音。在近年来出现的论证中（虽然立论的根据不同），藤间生大等人同样认为"赞"为履中天皇。

另外，还有前田直典等少数人认为"赞"是应神天皇。前田提出，可能是把应神天皇的讳"誉田"中的"誉"意译为汉语的"赞"。

关于倭五王中的第二个王"珍（弥）"，推测为反正天皇的意见最多。理由是反正天皇的讳"瑞齿别"中的"瑞"与"珍"写法相似，意思也相近。

然而，如果遵从多数意见，将"赞"推断为仁德天皇，那么"珍"就是反正天皇了，而这种说法与《宋书》所记载的谱系不符（认为"赞"是履中天皇的看法则没有这个问题）。因为据《日本书纪》记载，反正天皇是仁德天皇的儿子，而《宋书》上记载"珍"是"赞"的弟弟。因此，不得不认为，对前者或后者的推断，必然有一方是错误的。

　　前田直典认为"赞"是应神天皇，"珍（弥）"是仁德天皇。他提出，"珍"可能是仁德天皇的讳"大鹪鹩"中"大"字的汉语意译。前田（如前所述）还以《倭国传》所附"武"的上表文中"自昔祖祢，躬擐甲胄，跋涉山川，不遑宁处……"的"祢"为例，认为"祢"并非一般所理解的祖先、祖宗的意思，而是专有名词"弥（弥）"的讹误。即应把"弥"（"珍"）解释为"武"的祖父。如果可以这样理解，加上"记纪"①中认为仁德天皇是被推断为"武"的雄略天皇的祖父，进一步补充加强了仁德天皇说。

　　大体上有以上这几种解释。那么，在这些解释之中，哪一种主张最为妥当呢？

应神说的再研讨

　　当然，这是一个很难一下子说清楚的问题。但是如果能让我这个非日本古代史专家的门外汉稍微尝试发表意见，我想似乎也可以对"记纪"上的记载加以灵活地运用。[11]从《日本书纪》的《应神天皇纪》来看，在应神天皇统治的"三十七年春二月"条上有如下记载：

　　　　遣阿知使主、都加使主于吴，令求缝工女。

　　所谓吴，指的是中国的江南地区。由于宋（刘宋）王朝是江南地区的主要国家，所以我认为，把这段记载理解为倭五王

---

① 日本学界习惯将《古事记》和《日本书纪》合称为"记纪"。

对宋王朝遣使的史料绝对不算突如其来，反而是一种很自然的解释。

如果把年代往下顺延两轮干支（120年）来阅读《日本书纪·神功纪》等以百济方面史料为基础的记载，则与实际的年代相符。该观点自从那珂通世和菅政友等人指出以后，已成为定论。《应神纪》中的三十七年，如果按《日本书纪》所记的年代排列应为公元306年，加上120年则变为公元426年，这同"赞"遣使献方物的时期基本相符。

特别是同《倭国传》上所记载的元嘉二年（425年）在时间上最为接近。不仅如此，这里还记载着"赞"的使者是司马曹达。所谓司马是掌握军权的都督府的属官官名，曹达这个名字令人怀疑使者可能是归化日本的汉人。如果真是这样，那么有趣的是，也有传说阿知使主是归化日本的汉人。

另外，《续日本纪》记载，延历四年六月十日，坂上苅田麻吕等人上表文：

> 臣等本是后汉灵帝之曾孙阿智王之后也。

并说明他们的归化是在誉田天皇（应神天皇）统治时期。另根据坂上氏的谱系，认为其为汉高祖的后裔，进而举出姓氏录原本的逸文：

> 阿智王，誉田天皇（谥应神）御世，避本国乱，率母并妻子、母弟迁兴德、七姓汉人等归化……天皇矜其来志，号阿智王为使主……

说阿智王（阿知使主）是汉高祖和后汉灵帝的后裔，这当然难以置信；但说是归化汉人，则有很大的可能性。

在《日本书纪》中，除了阿智王使主的记载，完全看不到任何暗示向南朝遣使的内容。在所谓倭五王的多次遣使当中，最重要的一次当然是最早的"赞"的遣使修贡。因为这次遣使不仅打破了中日之间长达150年之久的交流空白，更重要的是，这是大王统一日本后的首次遣使，而且前往控制着江南地区的南朝的旅程又非常遥远，所以即使其他历次遣使的记忆消失了，恐怕唯有"应神天皇在位时，由归化汉人作为使者，去到遥远的中国江南地方"的传说，仍会鲜明地流传下来。

如果这样考虑，我暂且认为"赞"可能就是应神天皇。

应神陵拥有仅次于仁德陵的规模，在大型古坟的发展过程中，被认为占据划时代的地位。葬于该陵墓之中的应神天皇，被普遍认为是所谓河内王朝的创造者。他以强大的实力为背景，首次产生了向中国王朝遣使的念头，这绝对不是什么不可思议的事。

如果"赞"对应的是应神天皇（关于仁德天皇，有观点怀疑其是否真的存在，我也认为这种怀疑有一定的根据，但这里姑且根据《日本书纪》所记载的谱系讨论），那么"珍（弥）"恐怕仍然是仁德天皇。据《日本书纪》记载，仁德天皇在位的时间很长，如果规模最大、前方后圆的仁德陵确实是仁德天皇的坟墓，那么除了仁德天皇，恐怕"珍（弥）"不可能再是其他人了。

不过，在这种情况下，《宋书》把"珍"当作"赞"的弟弟的记载，与《日本书纪》把应神、仁德当作父子的记载就不相符了。但从《日本书纪》和《古事记》的记载来看，从应神天皇驾崩到仁德天皇即位，这之间有长达 3 年的空白期，发生了很不自然的皇位继承。一般认为在这空白期内，是仁德天皇的兄弟——太子菟道稚郎子（至少在形式上）继承了皇位（现存的《播磨风土记》上写为"宇治天皇"）。

如果是这样，那就可能因为菟道稚郎子（宇治天皇）在位期间短、影响力弱，因而对该情况不清楚的中国史官，从日本使者那里听到仁德天皇（"珍"）是先帝（宇治天皇）的兄弟，就把这个先帝与应神天皇（"赞"）混同起来，并错误地把"珍"误记为"赞"的兄弟。根据"记纪"的记载，仁德天皇是宇治天皇的哥哥。但中国史家可能出于兄弟继承的先入之见，把"珍"当作是先帝的弟弟，犯了双重错误，从而记载为"赞"的弟弟。[12]

前已述及，一般认为"珍"的第一次遣使是在元嘉十五年（438 年）。《日本书纪》记载仁德天皇即位是在公元 313 年，如果再加上 120 年则变为公元 433 年。有趣的是，这一时间距元嘉十五年很近。

要求除正的意义

在倭五王的遣使记载中，有一个令人关心的问题是他们反复地要求除正。

就"赞"的情况来说，高祖武帝的诏书记载"可赐除授"，从中可以窥见已进行了某种除正。到了后面的"珍"就更为明确地记载道：

自称使持节、都督倭百济新罗任那秦韩慕韩六国诸军事、安东大将军、倭国王。表求除正。

对此，宋王朝方面则除授他为"安东将军、倭国王"。

第三位"济"，开始同"珍"一样被除授为"安东将军、倭国王"，后来又被加上"使持节、都督倭新罗任那加罗秦韩慕韩六国诸军事"，继而据《文帝纪》可知，"济"又被晋升为"安东大将军"。

"兴"的情况又回到了原先除授给"珍"的"安东将军、倭国王"的爵号。到了最后的"武"，自称"使持节、都督倭百济新罗任那加罗秦韩慕韩七国诸军属、安东大将军、倭国王"。对此，宋王朝方面除授"武"为"使持节、都督倭新罗任那加罗秦韩慕韩六国诸军事、安东大将军、倭国王"，恢复到最后赐给"济"的爵号。

双方交涉的情况大致如上。这些交涉中所体现的执拗地希望除正的要求，可以说充分地显示了倭五王跨越万里、遣使修贡的首要目的。

这种除正所拥有的意义，不言而喻，是为了从当时作为东亚世界坐标轴的中国秩序中获得权威。然而，即使要冒很大的风险，花费巨大的经费和精力，仍然要获得这种权威的直接目的究竟何在呢？

其目的之一，正如倭王"武"给刘宋王朝顺帝的上表文中所述：

> 自昔祖祢，躬擐甲胄，跋涉山川，不遑宁处。东征毛人五十国，西服众夷六十六国，渡平海北九十五国……

大概是想通过中国王朝所给予的权威，巩固自己对用武力所征服的各地势力的统治。但我认为更大的目的还是基于对外关系的考虑，即确保在朝鲜半岛的势力范围及扩张政策。

如前所见，"珍"自称"使持节、都督倭百济新罗任那秦韩慕韩六国诸军事、安东大将军、倭国王"；"武"自称"使持节、都督倭百济新罗任那加罗秦韩慕韩七国诸军事、安东大将军、倭国王"。对此，无论对"济"，还是对"武"，宋王朝所认可的都是"使持节、都督倭新罗任那加罗秦韩慕韩六国诸军事、安东大将军、倭国王"。这里所说的"都督"是指军政官，其目的是想通过"都督××诸军事"的表现方式，让宋王朝承认其在上述范围内的军事上的统治权。[13]

这里出现了秦韩、慕韩这样的名称，其实秦韩指的是辰韩，慕韩指的是马韩。在五世纪时这些名称已不存在，因为事实上原来属于辰韩的地方已由新罗所统治，属于马韩的地方则由百济所统治，因此对这些国家的要求都是重复的。另外，由于加罗在任那之中，所以把任那和加罗并列起来称呼实质上也并没有什么意义。

因此，虽说是关于"倭、百济、新罗、任那、加罗、秦韩、慕韩七国"军事统治权的要求，实际上则是关于"倭、百济、新罗、任那"的要求。换句话说（除去在形式上追认有关日本的统治权外），这无非是提出了卑弥呼时代已萌芽的要求，即确保朝鲜半岛南部一带的权益（也有观点认为，列举加罗、秦韩和慕韩等地的名称，并不仅仅是形式上的，而是反映了当时倭国中许多出身朝鲜半岛南部的人希望恢复故土的心愿[14]）。

刘宋王朝针对日本的这些要求，采取了除百济以外，均承认日本的统治权的方针。一般认为这是因为百济同日本一样，对刘宋王朝遣使修贡，加入了中国的册封体制之中。

当时朝鲜半岛的状况（如在本章开头所说的那样），北边是高句丽，南边则是新罗、百济、任那的三国鼎立（参照地图"五世纪的朝鲜半岛"。该地图是通过对 475 年左右朝鲜半岛状况的推测而绘制的）。

一般认为，日本统领任那，强制百济作为同盟国，同北方的高句丽势力展开了激烈的争夺。日本加入刘宋王朝的册封体

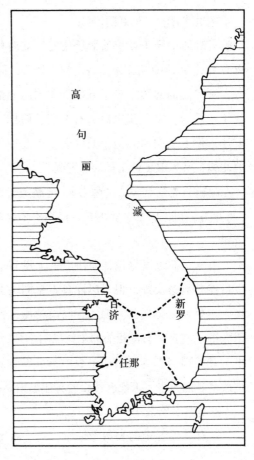

五世纪的朝鲜半岛

制，获得对朝鲜半岛南部统治权的（哪怕是形式上的）承认，也是其对半岛外交必要的、迫不得已的要求。正因为如此，日本必然怀着"远诚"而"万里修贡"了。

我认为，自三世纪以来，日本朝向大陆的目光可以说始终是以在朝鲜半岛上的利害为焦点的。

为何一边倒向南朝

这里残存着一个疑问。

当时的中国正处于前面所说的对立时代。在南方，存在着继东晋之后的南朝（宋、齐、梁、陈）；而在与南朝相对的北方，鲜卑族的北魏平定了五胡十六国的混乱，确立了基本稳定的统一政权。继北魏之后又有东魏、西魏、北齐与北周。如上所述，倭五王向南北朝中的南朝多次遣使贡献，那么对另一方的北朝，又采取了什么样的态度呢？

翻遍与北朝有关的《魏书》（记载关于北魏及东魏的正史）、《北齐书》和《周书》等史料，都找不到北朝与日本交流相关的资料。

当然我们也可以说，即使史书上没有记录，但北朝与日本也可能曾有过交涉。但当时同日本是同盟关系，且和日本一样加入南朝册封体制的百济，在向南朝派遣使者的同时，也向北朝派遣了使者。与此相关的史料虽然不多，却在《魏书》《北齐书》和《周书》等史书的记载中都可以看到。由此看来，没有记载就是因为事实上没有邦交的看法恐怕是很自然的。

这是什么缘故呢？

在有关倭五王的大量论证中，几乎看不到涉及这个问题的文章（连指出未发现与北朝交流一事的论证几乎都找不到），然而，这个问题是不应被轻率地忽视的。事实上这里存在着一个极为重要的问题，如果夸大一点来说，甚至可以认为它显示了日本在两千年里对中国态度的一个特征。因此，我想围绕这个问题，试作若干考察。

首先是当时日本到大陆所统治的主要区域江南地区之间的航路。一般认为，当时的路线不是后半期遣唐使所采取的南路（即一举跨越中国东海到达江苏、浙江一带的航路，参照第五章），而是经由朝鲜半岛，沿大陆海岸南下至江南地区。虽然缺乏明确的史料根据，但可从前面列举的倭王"武"给刘宋顺帝的上表文来一探究竟。倭王"武"的上表文记载：

> 臣虽下愚，忝胤先绪，驱率所统，归崇天极，道径百济，装治船舫，而句骊（高句丽）无道，图欲见吞，掠抄边隶，虔刘不已……臣亡考济实忿寇仇，雍塞天路，控弦百万，义声感激，方欲大举，奄丧父兄，使垂成之功，不获一篑……

也就是说，日本"道径百济"，"忿"高句丽"雍塞"（堵塞）这条道路。

另外，此前已引用过，《日本书纪·应神纪》上有派阿知使主万里迢迢去吴（江南地方）的记载。它比较详细地记载了这段经过：

> 遣阿知使主、都加使主于吴，令求缝工女。爰阿知使主等渡高丽国，欲达于吴。则至高丽，更不知道路。乞知

道者于高丽。高丽王乃副久礼波、久礼志二人为导者。由
是得通吴。

阿知使主等人不知道去江南地区的道路，渡海到高丽（可
视为朝鲜的总称），得到向导引路，才终于到达了江南。当然，
要把这段记载原封不动地视为历史事实，当作史料依据，还是
让人有些踌躇的。不过，这个传说恐怕可以作为上述倭王"武"
的上表文中所说明的经由朝鲜半岛的路线的旁证。再考虑到当
时的航海技术，设想走的是沿海岸的航路也是妥当的。

这样的话，可以推断五至六世纪中日之间的航路为以下路
线：首先抵达朝鲜半岛，循其西海岸北上后，经过庙岛群岛
（庙岛群岛是一组列岛，像踏脚石一样，把辽东半岛与山东半岛
连结起来。《新唐书·地理志》中曾列举七条"入四夷之路"，
其中第二条记载的是经由山东半岛的登州入朝鲜的路线，就是
经由庙岛群岛的路线），到达山东半岛的登州，之后沿着大陆的
海岸南下，或者试着冒一些风险，从朝鲜半岛西岸的瓮津半岛
横渡黄海，抵达山东半岛尽头，然后同样沿海岸南下，到达遥
远的江南地方。《新唐书·日本传》记载：

新罗梗海道，更繇明、越州朝贡。

即便是后来的遣唐使，也只有在后半期采取跨越东海、直
航明州越州（江南地区）的南路路线，其最初采取的是沿朝鲜
半岛海岸航行的北路路线。日本在同新罗的关系紧张之后，才
不得不采取南路。南路航行虽能大大缩短时日，但正如在阿倍
仲麻吕和鉴真的例子中所看到的那样，甚至到八九世纪时，南

路仍然是一条危险极大、需要豁出性命的航路。第五章将会详细论述这些内容。

因此，很难想象五世纪时倭五王的使者们就已经采取了直航路线。断定当时的航路仍然是远远地绕道朝鲜半岛，沿大陆的海岸南下，基本上是不会有错的。这确实是"万里修贡"的长途旅行。

这样的话，就交通的便利性来说，自然是与北朝方面的通行更为容易。日本跨越万里，始终只同南朝通交的做法绝不是偶然促成的，恐怕应当考虑包含着某种意图在其中。也就是说，应当认为倭五王是出于某些"政治性判断"而选择了南朝。

对于这种情况，有一种最直接的解释，即认为这么做是考虑到以朝鲜半岛为主体的外交策略。

如前所述，一般认为当时日本为了确保和扩大在朝鲜半岛的权益，以高句丽为主要对手，不断地进行斗争。由于高句丽主要与北朝联系，因此，有观点认为，为了与高句丽对抗，日本有意图地与南朝接触。

这样的解释是讲得通的。但是有趣的是，高句丽不仅与北朝联系密切，加入它的册封体制之中，也频繁地向南朝派遣使节，得到了"使持节、散骑常侍、都督营平二州诸军事、征东大将军、高句骊王、乐浪公"的爵号，并且成为南朝册封体制中的重要成员之一。而且高句丽向南方的宋王朝派遣使者，献上贡物的时间，比向北魏入贡还要早。

不仅如此，就拿同日本有盟国关系的百济来说，它也一方面同日本一样，与南朝保持密切的关系，另一方面又与北朝通交，即便次数不多。特别是南朝到了命运衰败的最后一个王朝陈时，百济甚至还从北齐王朝接受了"使持节、侍中、车骑大将军、带方郡公、百济王"等爵号。与高句丽一样，百济也与中国的两个王朝同时通好，采取灵活且现实的态度。

与此相反，"倭五王"采取的外交方针是，完全无视北朝，即使跨越万里也只同南朝通交。这就令人感到不仅仅是外交策略的问题，其深处似乎还有更为特别的判断在起作用……

这个特别的判断，大概是认为南朝继承了晋王朝的正统，是与魏王朝、汉王朝一脉相承，代表中国的唯一的正统王朝。不过，由于这个问题不宜如此轻易地加以论断，我想在探讨以后的金、元与南宋的南北朝对立时期，以及明清交替时期的中日关系时，尝试一并重新探讨。[15]

注　释

[1] 《专题论文集——古坟时代的考古学》：（一）日本古坟的年代，（1）决定年代的实例，（b）文献资料的解释。

[2] 铭文损坏严重，很多地方难于判读，内容大体如下：〔正面〕泰和四年五（四）月十六（一）日丙午正阳，造百炼钢（铁）七支刀。生（世）辟百兵。□□□□作。〔反面〕先世以来，未有此刀，百濊王、世子奇生圣音，故为倭王旨造。传示后世。参照诸家的学说，可以训读如下：〔正面〕泰和四年五（四）月十六（一）日丙午正阳，造百炼钢（铁）之七支刀。生（世世）辟百兵。宜供奉危（侯）王。□□□□作。〔反面〕先世以来，未曾有此刀，乃百濊（济）王与世子奇生圣音特意奉倭王之旨而造。传示后世。

[3] 栗原朋信：《关于七支刀铭文的解释》（《日本历史》216）（1966年）。

[4] 《日本书纪·神功纪》"五十二年"条记载："久氏等，从千熊长

彦诣之，则献七支刀一口、七子镜一面，及种种重宝。"

[5] 也有观点认为七支刀不是百济赠给倭王，而是东晋通过百济授予倭王（栗原朋信前揭论文）。

[6] 历来认为这把七支刀是由百济王献给日本的观点比较有说服力，但近年来朝鲜历史学家们认为并非如此，提出是"由百济王下赐给日本"的新解释。的确，如栗原朋信所指出的那样（前揭论文），这段文字找不到敬语，从"侯王"的表达方式来看，或许解释为下赐是正确的。然而即使是下赐，恐怕也是从倭的实力（尤其是被认为颇为强大的军事力量）的评价方面来考虑的（参照注［10］）。另外，关于七支刀制造的年代，金锡亨提出使用的可能是五世纪时百济的年号。此外，李进熙认为年号可能不是东晋太和四年，而是北魏的太和四年（480 年）。这些意见，很难一下子就赞同。为了使前者的说法能够成立，就必须证明五世纪时百济使用过"太和"的年号；而要推进后者的见解，就必须反驳丙午的干支并不需要与年月日一致的说法（富冈谦藏:《关于汉代至六朝有年号铭的古镜》）；另外，还不得不考虑当时（480 年）的百济不是加入北魏而是加入南朝（齐王朝）的册封体制。

[7] 李进熙:《广开土王陵碑研究》（1972 年）。不过，对此也有中国历史学家的反驳。王建群:《好太王碑研究》（1984 年）。

[8] 朴时亨:《广开土王陵碑》（1966 年）；金锡亨:《古代朝日关系史——大和政权与任那》（1969 年）。

[9] 滨田耕策:《高句丽广开土王陵碑文的虚像与实像》（《日本历史》304）（1973 年）。

[10] 坂元义种虽然一方面认为:"关于这个时期的倭和百济的关系，在百济王看来，倭王应当写为'侯王'。"同时又说:"……这时，百济已经接受了东晋的历法，并附属于它，但到与倭发生了交涉时，为了颂扬倭的军事力量，求得倭王的关心，便把这把七支刀和其他物品一起赠送给倭王。"参照坂元义种《古代东亚的日本与朝鲜——围绕"大王"的成立》（收入《古代的日本与朝鲜》）。

[11] "记纪"的记载甚至被人们看作是忌讳。但我从并非日本古代史专家的立场考虑，试作一些外行的发言，一方面进行慎重的考

证，同时将其作为史料更加积极地灵活运用恐怕也是可以的。

[12] 参照拙稿《日中交流史的一个断面——围绕倭五王与"记纪"的记载》(收入东亚文化丛书 3《中国近代化的诸问题》)。

[13] 坂元义种的前揭论文。

[14] 藤间生大：《倭五王》(Ⅱ)两个五世纪史(二)中国人方面。另外，金锡亨论述，新罗、百济、任那等倭国王要求统治权的地方，"应当在日本列岛内去寻找"。也就是说，五世纪的倭国对朝鲜半岛南部地区拥有统治力量的理解是错误的。参照金锡亨的《关于三韩三国为日本列岛的分国》(收入《古代日本与朝鲜的基本问题》)。

[15] 此前已经论述过这些问题。参照拙稿《注重国际信义的保守性本质——回顾日中邦交史》(《朝日新闻》1971 年 2 月 27 日晚刊)、《日中邦交史的再研讨》(《季刊东亚》17)(1972 年)。

参考文献

菅政友：《漢籍倭人考》(《史学雑誌》3—27、28、29、32、34、36)(1892 年)。

今西龍：《広開土境好太王陵碑に就て》(《大日本時代史》古代下)(1915 年)。

津田左右吉：《日本上代史研究》(1930 年)。

末松保和：《好太王碑の辛卯年について》(《史学雑誌》46—1)(1935 年)《任那》(1949 年)。

池内宏：《広開土王碑発見の由来と碑石の現状》(《史学雑誌》49—1)(1938 年)。

前田直典：《応神天皇という時代》(《オリエンタリカ》1)(1948 年)。

和田清、石原道博：《魏志倭人伝、後漢書倭伝、宋書倭国伝、隋書倭国伝》(1951 年)。

福山敏男：《石上神宮の七支刀》(《美術研究》158)(1951 年)。

水野祐：《日本古代王朝史論》(1952 年)。

宮田俊彦：《倭の五王》(《歴史教育》5—4)(1957 年)。

上田正昭：《日本古代国家成立史の研究》(1959 年)。

井上光貞：《日本国家の起源》(1960 年)《神話から歴史へ》
　　(1965 年)。

小林行雄：《古墳時代の研究》(1961 年)。

第四章　日出处天子

——新兴国家的意志

空白的六世纪

如前所述，南朝在宋（刘宋）王朝以后，接着又诞生了齐（南齐）、梁、陈。首先从记载这些王朝正史的《南齐书》来看，可见《东南夷传》"倭国"条有建元元年（479年）以倭王武为"镇东大将军"的记载。

其次，《梁书》记载，在高祖（武帝）即位之年（502年），进倭王武的号为"征东将军"。然而，这一部分内容在《南史》（汇总记载南朝四代的正史）上则记载为："梁武帝即位，进武号征东大将军。"将原来已经是镇东大将军的武，再进为征东将军有点奇怪，因此大部分人根据《南史》的记载，将此处理解为进征东大将军。[1]

如上所述，根据与南朝有关的正史，可以发现中日交流的历史在六世纪初的梁王朝初期之前仍在继续。后面将要提到的《隋书·倭国传》上"自魏至于齐、梁，代与中国相通"的记载也可证明这一点。反过来说，在梁以前（至少在梁初期以前），可以找到彼此交流的记载；但自梁以后（即梁中期以后以及整个陈王朝时代），中日交流便中断了。事实上任何地方都找不到表明中日交流仍在继续的史料。[2]这大概同邪马台国之后的空白期一样，意味着彼此的官方交往已经断绝。

如第三章所见，三世纪后半叶至五世纪初期的空白期，可以推想是由于中国和日本两方都存在各种各样的具体状况。这次的状况也可以说大体相同。许多日本古代史专家指出，从六世纪在位的武烈天皇到继体天皇的交替时期，日本的古代王朝经历了一次巨大的变革——内乱时代。另一方面，中国（特别是对南朝来说）在六世纪也处于严重的危机与衰亡之中。

公元502年即位的梁武帝是一位以南朝唯一的明君而闻名的文人皇帝。但梁武帝在位期间遭遇了侯景之乱（548年），几乎是在饥饿不堪的情况下死亡。太清三年（549年），《南史》记载百济的使者访梁，因看到都城极其荒废的惨状而放声恸哭，被侯景抓了起来。日本的当政者肯定能通过来自朝鲜半岛的情报，了解到南朝的这种衰亡状况。

梁灭亡之后，南朝的皇统暂时由陈来继承。但陈不过是控制长江下游的一个小王朝，不久就被北朝的隋彻底打败。

如前章所述，因为日本一直采取僵硬的外交态度，不同北朝进行交流，因而当与南朝的交流断绝时，自然就等于同大陆官方交往中断。这种状态一直持续到六世纪末。

随着隋王朝的出现（581年），中国的南北朝对立宣告结束，诞生了很长一段时期都未曾有过的强有力的中央集权国家。日本的当政者们煞费苦心地谋划着朝鲜半岛，始终注视着大陆，当然不会错过这个时机。而且此时有一位杰出人物作为实际执政者，登上了日本的历史舞台。在大化改新到来、古代天皇制国家确立的前夕，日本出现了生气勃勃的气象。

中日交流史因圣德太子派遣遣隋使而进入新的篇章。

"阿每""多利思比孤"

隋的开国皇帝文帝开皇二十年，恰好是公元 600 年。这一年，日本的第一批遣隋使万里迢迢来到隋都大兴城（唐朝的长安，现在的西安）。不知为何，在日本方面的记录里找不到第一批遣隋使的记载（关于第二批以后的遣隋使，在《日本书纪》上有十分详细的记载）；但《隋书·倭国传》中有如下记载：

> 开皇二十年，倭王姓阿每，字多利思比孤，号阿辈鸡弥，遣使诣阙。

这里的首要问题，当然是这位姓阿每（a me）、字多利思比孤（tarishihiko）、号阿辈鸡弥（o o kimi）的倭王，究竟指的是谁？

公元 600 年，在日本相当于推古天皇八年。所以第一种观点是认为这位倭王是推古天皇。

然而，推古天皇是女帝，讳丰御食炊屋姬（toyo mi kekasiki y a hime）。而这位倭王字多利思比孤（hiko）。而且以"比孤（彦）"结尾的名讳多为男性，如稚足彦（wakatarashihiko）（成务天皇）、足仲彦（tarashinakahiko）（仲哀天皇）等。另外，从这些例子来看，"多利思比孤"（tarishihiko）多半是"足彦"这两个汉字的日语读音。这样就产生了第二种观点，即这位倭王很难认定为推古天皇，而可能是在她前后的用明天皇、崇峻天皇或舒明天皇（舒明天皇讳息长足日广额^{oki nagatarashi h i hironuka}）。

　　第三种观点则认为，这位倭王可能是当时作为推古天皇的摄政而掌握政治实权的圣德太子。这种观点虽被提出，但由于前面所举的《倭国传》的后文记载："名太子为利（和？^{wa? ka}）歌弥多弗利^{mitahira}。"这里指的当然是圣德太子，因此这种观点是不能成立的。

　　还有一种观点认为，第一批遣隋使与第二批遣隋使的使者都是小野妹子，而小野妹子是孝昭天皇的皇子天带彦国押人命的后裔，因此认为可能是将小野妹子的名字与皇子的名字弄混了。

　　如上所述，关于阿每多利思比孤是谁，可谓众说纷纭。我认为，石原道博和栗原朋信等人的主张恐怕是最妥当的，即他们认为这里的"阿每多利思比孤"是对天皇的一般称呼。

　　石原把"阿每多利思比孤"解释为"天足彦^{amenot arishihiko}"，认为"大概是天皇的一般称号"。栗原朋信则进一步指出，从这里可以了解到日本天皇称号的形成。

　　具体说来，他们认为当时对日本君主的敬称中大多包含"tarashi"一词，男性为"tarashihiko"，女性为"tarashihime"。"……'amenotari（ra）shihiko'是在男性的尊称前面冠以'ame'（天）一词。因此，过去就有一种说法，把'tarishihiko''amenotarishihiko'看作是"天皇"的日本式称呼。我也有类似的观点。关于'天皇'这一称号在思想上的意义，已经有津田左右吉的研究，根据我个人的看法，中国学派的思想认为'天皇'是同'地皇'相对称的，因而把地皇看作是女性，把天皇看作是男性。因此，在使用中国式'天皇'称号时，即使对作为女性的推古天皇，也很自然用男性的'比孤'来表达。

'amenotarishihiko'肯定就是'天皇'的日本式称号。"[3]（着重号为栗原朋信所加。）"阿每多利思比孤"是"天皇"的日本式读法，即使当时的天皇实际上是女性也可以使用。他们还进一步考察了为何《隋书》上把"天皇"的日本名称"阿每多利思比孤"误解为倭王的"姓"和"字"。他认为，这是因为日本的天皇家族没有姓，而这一点从中国人的一般概念来考虑是无法理解的。他们还提出，再考虑到在此之前中日关系出现了一段时间的中断，会产生这样的误解也是情有可原的。

另外，他们认为"阿辈鸡弥"是日语中用"ahokimi-ookimi"表示"大王"一词的训读，从《隋书》记载的"号阿辈鸡弥"这句话来看，"……由于国书的形式往往把称号写在上位，把名字写在下位，所以实际上应该连写为'ookimiamenotarishihiko（阿辈鸡弥阿每多利思比孤）'，这无疑才是当时日本君主的称号。"因而推断这是推古朝时期倭王的称号，即"大王天皇"。这样的话，正如栗原论述过的，这同法隆寺药师如来的光背铭文上把推古天皇写为"大王天皇"或"治天下大王天皇"一致了。可以说这是一个有力的旁证。

国书事件

日本派出第一批遣隋使七年之后，在隋王朝第二代皇帝炀帝当朝的大业三年（607年），又派出了第二批遣隋使。《隋书·倭国传》记载：

大业三年，其王多利思比孤遣使朝贡。

上述记载指的就是这件事情。与派出第一批遣隋使时一样，这次派遣使者的倭王也是多利思比孤（隋朝方面一直误解为倭王的字）。推古天皇十二年，日本公布著名的《十七条宪法》。大业三年即是公布《十七条宪法》三年之后的推古天皇十五年。

关于第一批遣隋使，日本方面未发现任何相关记载。但关于第二批遣隋使，《日本书纪》等史料则清楚地记载了派遣使者的事实。《日本书纪》卷二二《推古天皇纪》"十五年"条记载：

> 秋七月戊申朔庚戌，大礼小野臣妹子遣于大唐，以鞍作福利为通事。

由此可知，当时的使者是小野妹子，翻译（大概）是名叫鞍作福利的归化人。

然而，第二批遣隋使却同中国方面发生了一点（也有观点认为是颇为严重的）纠葛。这就是著名的国书事件。

关于这起事件，由于日本方面没有记载，所以只能根据《隋书·倭国传》来探究其原委。《隋书·倭国传》记载：

> 其国书曰"日出处天子致书日没处天子无恙"云云。帝览之不悦，谓鸿胪卿曰："蛮夷书有无礼者，勿复以闻。"

大意是说隋炀帝看到日本的国书感到不悦，生气地对负责外交的官员（鸿胪卿）说："蛮夷递交上来的国书中，如果有不懂礼貌者，不准再向我汇报。"

隋炀帝是一位以奢侈和好色而闻名的皇帝，而且有弑父的恶名，最终在农民起义的旋涡中悲惨地死去。不过，他看到日本的国书之所以感到不悦，当然不是由于他个人性格的问题，而是因为从中国的立场来看，国书的内容不符合礼节。那么，这封国书有什么地方不符合礼节而出了问题呢？从《隋书》的记载来看，一般认为是"日出处天子致书日没处天子无恙"这句话（大概是国书的开头部分）有问题。那么问题是，这些词句为什么不符合礼节呢？

围绕着这个问题派生出许多观点。一种观点认为这些词句带有藐视中国的意思，因而激怒了隋炀帝；另一种观点认为这些词句是企图站在对等的立场上来同先进的大国中国对话，因而引起了具有中华意识的皇帝的不悦。

前者认为"日出处""日没处"的表达方式中包含优劣对比的意思，而"致书"及"无恙"的词句则把日本置于优越地位，有鄙视中国的意思。关于这些词句，究竟应该怎样来理解呢？

首先是"日出处""日没处"这种表达方式。对中国来说，这些词句就是表示东边的边境和西边的边境的意思，但有人认为这违背了中国自认为应是世界中心的传统观点。[4] 这么说到底还是有某种优劣倾向的。若去揣测日本方面写这封国书的意图，我认为恐怕不过是表明东、西方的修饰词句而已。关于这一点，我后面还会叙述。

其次是"致书"及"无恙"的表达方式。隋文帝时，突厥（北方游牧民族）的可汗（王）摄图送来的国书中记载：

> 从天生大突厥天下贤圣天子、伊利俱卢设莫何始波罗可汗致书大隋皇帝。

此处也用了"致书"这一表达方式，但文帝并未格外生气，还迅速回信。从这一情况来看，这种表达方式应该没有藐视的意思（当然也不算谦逊）。其表达方式本身并没有违背国书的"礼"。

"无恙"一词同样也可以这么理解。时间追溯到汉朝初期，当时匈奴的单于（王）冒顿致汉文帝的国书记载：

> 天所立匈奴大单于敬问皇帝无恙。

也使用了同样的词句。文帝对此回书称：

> 皇帝敬问匈奴大单于无恙。

以同样的词句向匈奴王询问安好。从这些例子来看，这种表达方式应该是表示站在"对等"的立场上对话，而绝无藐视或轻视对方的深意。另外也大致符合公文格式。

那么，问题究竟源自何处呢？

根据栗原朋信的观点，在中国册封体制的秩序下，中国与其他国家的关系可以分为对等国的关系、外客臣的关系，以及一般外臣的关系等若干等级。其中一般外臣要在国书上称"臣"，并书"名"；外客臣也要在国书上称"臣"，但可以不书"名"；而对等国在国书上既不必称"臣"，也可不书"名"，只是像相互之间用固有的君主号来称呼彼此一样，分别将各自的国书形式明确地固定下来。

假如按照这个规矩，"倭五王"是书写了名字的（中国史书上记载了倭五王的名字，表明国书上写有名字），因而等于放在一般外臣的位置。那么，日本在遣隋使时代应当置于什么位置呢？

此前我在探讨第一批遣隋使时介绍了一种观点，认为"阿每多利思比孤"是日语中"天皇"一词的训读，中国方面却产生了误解，认为"天皇"姓"阿每"、字"多利思比孤"。我对这种观点表示了赞同。（如栗原朋信所说）应当认为日本方面是站在既未称臣也未书名的对等国的立场上来遣使的，而中国方面却误读为书了"名"，即误解日本同过去一样（不仅是倭五王时代，公元一世纪的奴国王以及三世纪的卑弥呼也是作为外臣来对待），站在一般外臣的立场上遣使。然而七年之后，再次来到中国的第二批遣隋使所带来的国书上却记载："日出处天子致书日没处天子……"，仍然明确地不称臣和不书名（换句话说，这一次是十分明确地不称臣不书名）。也就是说，对中国来说，长期以来被看作一般外臣的国家，突然无视历来的书写方式，作为对等国而放肆起来。使隋炀帝感到不快的首要原因就是这个。围绕第二批遣隋使国书的纠葛，应该说实际上在第一批遣隋使国书中就已经埋下了种子。

然而，问题并不仅在于此。就算容许作为对等国，从中国方面来考虑（作为对等国），这封国书还是有违"礼"的表达方式。这就是使隋炀帝说出"蛮夷书有无礼者"的决定性原因吧。我认为，极度刺激中国的，大概是并称为天子这一表达。

夷狄的君主自称为天子的事例在别处也有，例如前面的《隋书·突厥传》所附沙钵略可汗给文帝的书简记载：

> 从天生大突厥天下贤圣天子、伊利俱卢设莫何始波罗可汗致书大隋皇帝。

突厥的可汗就自称天子，对此，隋文帝回书：

> 大隋天子贴书大突厥伊利俱卢设莫何沙钵略可汗……

只称自己为天子，对突厥的可汗不冠以天子的称号。由此可以
清楚地知道，中国绝对不愿意夷狄的君主自称天子；而且从中
可以看出暗暗指责突厥可汗之意。但是隋文帝立刻回信：

> 得书，知大有好心向此也。

这一举动又表示出了好意。这大概表明突厥傲慢的对等立场虽
让中国很不愉快，但总体来说还在可以容许的范围内。

突厥方面虽然不逊地以天子自称，但这个称号归根结底是
可汗原来固有的，而且将中国的君主称为皇帝，与突厥的君主
做了清楚的区别。与此相对，日本方面不仅犯了不逊地自称天
子的问题，而且对中国的君主也称天子，把二者完全等同起来，
表现出一种在中国看来不可想象的傲慢态度，这是严重的问题。
这与突厥的情况不同，超越了中国可以容许的限度。

发生这次国书事件的第二年，护送唐使的小野妹子再次访
问中国。小野妹子此次所携带的国书开头这样记载：

> 东天皇敬问西皇帝……[5]

极为耐人寻味的是，这封国书把东与西放在对称的位置上，
以暗示先前国书中的“日出处”和“日没处”只是意味着东与
西的修饰词。比这更重要的是，这封国书对日本的君主用“天

皇"（普遍认为当时还不到天皇出现的时间）这一称号，[6] 而对中国则用中国自认为是正式的最高君主称号"皇帝"来称呼，对二者做了明确的区别。[7]

从日本方面来看，使用"天皇"的称号，大概是为了避免第一批遣隋使时用日语训读来表示"天皇"称号时造成的误解，所以明确用汉字来表示。如果将其置于（栗原朋信等认为的）中国册封体制的世界秩序背景下考察，可以说这是一封根据中国的外交规则写成的国书，即双方都只使用自己的君主号，不写姓和名，表明彼此为对等国关系。大概可以推想，深谙隋炀帝想法的外交官（鸿胪卿）一定对小野妹子做出了某种暗示。

这封"东天皇敬问西皇帝……"的国书，如前所述，是立足于前一年（推古天皇十五年）的纠葛而写就的。根据《日本书纪》记载，小野妹子回日本时报告，隋炀帝所给的回书在百济国被百济人所盗，因而丢失。有人解释，这是由于回书中写明了对"日出处天子致书日没处天子……"这封国书的指责，小野妹子担心让人看到原封不动的回书会使两国关系恶化，因而假装丢失。[8] 我认为并非如此，实际上可能是中国方面根本就没有回书。

因为一般认为，对于形式不完备的国书，中国的外交原则不是在接受之后进行责备，而是不予接受。因而，相比于以指责的国书作为回书，对国书未予理睬的想法更为妥当。表面上看起来，小野妹子递交了国书，却丢失了收到的回书，背负了一身的罪责。但在群臣纷纷谴责小野妹子，认为应当将其处以流刑的情况下，天皇却特地发出诏敕，赦免其罪。由此看来，大概推古天皇和圣德太子也大体上明白了其中的原委（可以这样理解，犯了丢失大国回书这一重大过错的使节，当年却再次被启用，作为第三批遣隋使，携带新的国书出使，可见，国书事件的真相应该是被真实地传达给了圣德太子等人）。

　　暂且不论这封国书。裴世清（《隋书》上记载为裴清，《日本书纪》《北史》上记载为裴世清。一般认为《隋书》是为了避编撰该书时的唐王朝第二代皇帝太宗李世民的"世"字之讳，故意写为裴清）同小野妹子一同来到日本时，带来了中国方面的书信（恐怕正如增村宏所说，这位裴世清并不是答礼使，而是为"宣谕"而来的使节[9]）。

　　据《日本书纪》记载，来信开头写道：

　　　　皇帝问倭皇，使人长吏大礼苏因高等至具杯……

嘉奖了倭王之志（一般认为"皇帝问倭皇"这句原本写作"问倭王"。还有，苏因高是小野妹子的汉名）。

　　隋朝怒斥"蛮夷书有无礼者"的同时，又派出使者，褒奖倭王朝贡之志，这确实表明了中华民族在区别原则和现实方面的宽容态度。不过这里依旧巧妙地贯彻了原则。因为这封信上虽然说了"知……远修朝贡，丹款之美，朕有嘉焉……"等褒奖朝贡的话，却完全没有"得书"的字样。

　　从中国与其他国家国书的往来情况来看，如先前所举的汉文帝和匈奴冒顿单于的例子。冒顿的书信上写道："天所立匈奴大单于敬问皇帝无恙……"与此相对，汉文帝的国书上回道："皇帝敬问匈奴大单于无恙。使系虏浅遗朕书，云：'……（中略）……'朕甚嘉之。"清楚地表明这是对匈奴国书的回书。

　　再如先前所举隋文帝与突厥沙钵略的往来书简记载：

　　大隋天子贻书大突厥伊利俱卢设莫何沙钵略可汗：得书，知大有好心向此也……

明确地写明这是"得沙钵略可汗书"后寄给沙钵略可汗的回书。

　　与上述回书相比，裴世清带来的中国国书完全没有提及日本的国书，从严格意义上来说，并不是回书。恐怕应当这样解释：这是一封为了嘉奖和宣谕万里迢迢派遣使者前来朝贡的蛮夷之国志向的书信，而不是承认日本国书为正式国书的回书。

　　如上所述，我认为第二批遣隋使小野妹子携带的国书，可能最后并未被中国作为正式国书而接纳。应该是最知其中原委的小野妹子第二年再次作为使者所携带的国书，自然是竭力维护日本的自尊心，同时又充分地满足中国的需求，在允许限度内妥协的产物。这封国书以"东天皇敬问西皇帝……"开头，表明第二批遣隋使携带的国书的问题，仍然出在"天子"的自我称号上，另外也在于把日本君主和中国君主放在同等的位置，未做任何区别。对中国来说，承认长期以来一直置于一般外臣国地位的日本为"对等国"，大概是一种很大的让步。而且若退让了这一步，承认"对等国"的地位，日本就会强烈要求遵守对等国的规则，遵守册封体制所规定的原则。这是中日之间别有趣味的来往策略。

遣隋使的目的

　　那么，这一时期能够打破六世纪初期以来一直中断的交往，重新展开大规模官方交流的原因是什么呢？当然，其直接的契机不言而喻，是隋朝实现了南北朝的统一，中国诞生了长期未曾有过的全国性的中央集权政府。我尝试站在日本的立场上，对这一时期展开大规模官方交流的动机和原因做一些探讨。

根据《隋书·倭国传》记载，在国书事件发生之前，使者小野妹子说了如下一段话：

> 使者曰："闻海西菩萨天子重兴佛法，故遣朝拜，兼沙门数十人来学佛法。"

南北朝时代末期，北周武帝当朝的建德三年（574年），武帝断然实行了中国佛教史上著名的"废佛"政策。不久后北周吞并了北齐，于是武帝又在中原地区推广废佛政策，毁坏佛像，强迫僧尼300余万人还俗。武帝死后，虽然废佛的禁令稍有松弛，但佛教在北朝全境已受到极大的摧残。

复兴佛教，不是简单地恢复旧有的政策，而是积极地推进以佛教的根本政治理念作为治国政策的人，正是隋文帝。开皇十三年（593年），隋文帝恭恭敬敬地在三宝之前忏悔北周废佛的罪过。使者小野妹子说："闻海西菩萨天子重兴佛法。"应当说，这表明以圣德太子为首的日本当时的执政者们，十分了解中国所发生的事情。在此基础上，为学习已复兴的隋朝佛法，带去了数十名僧侣。"数十人"这一数字，即使同后来的遣唐使等相比，人数也算是多的。可以说小野妹子口述的这一数字，清楚地说明了遣隋使的重要目的之一就是掌握佛法。

当然，派遣遣隋使一定是崇敬三宝的圣德太子等人的意愿。推古天皇十六年（608年），为护送隋使裴世清回中国而派遣的第三批遣隋使中，包括了小野妹子带着的南渊请安等4名学问僧。虽然史料上没有明确的记载，但恐怕推古天皇二十二年

（614年）派遣第四批遣隋使时，同样也带有留学的僧侣。

如上所述，看来遣隋使的重要目的之一在于掌握得到复兴的中国佛法。但这当然不是全部的目的。根据《隋书·倭国传》记载，在倭王迎接抵达都城的隋使裴世清的欢迎词中，可以看到"冀闻大国惟新之化"这样一句话。此时隋朝已经统一了南北朝，建立了长期未曾有过的统一全中国的中央集权体制。从倭王的话中可以体察到，日本想要积极吸取隋朝的先进典章制度的意图。前已述及，第三批遣隋使中包括了南渊请安等留学僧，与此同时，还有高向玄理等留学生。在这些学问僧和学生中，如高向玄理和僧旻作为国博士积极活动，在大化改新之际发挥了重要的作用。

顺便指出，遣隋所带去的学问僧和学生大多属于归化人。第三批遣隋使所带的8名学问僧、学生，其姓氏全都清楚记载。根据《日本书纪·推古纪》记载，学生包括"倭汉直福因、奈罗译语惠明、高向汉人玄理、新汉人大国"4人，学问僧包括"新汉人日文、南渊汉人请安、志贺汉人惠隐、新汉人广齐"4人。也就是说，全部都是汉人或新汉人。这大概还是他们擅长理解中国文化，特别是理解汉语的缘故。

另一个令人感兴趣的问题是，他们逗留的时间与后来遣唐使时代的留学生们相比，要长得多。上述8人中，已弄清返回日本年代的有6人。其中回日本最早的留学生（倭汉直福因、新汉人广齐）是在推古天皇三十一年（623年），因此他们在中国的留学时间为15年。新汉人日文是在舒明天皇四年（632年）回日本的，留学时间为25年。志贺汉人惠隐的留学时间为31年。回日本最晚的是高向汉人玄理和南渊汉人请安，这两人是在舒明天皇十二年（640年）同新罗等使节一道回日本的，他们的停留时间长达 32 年。

他们在留学期间恰巧面临隋朝灭亡（618 年）和唐朝创立这一重大的历史性转折。这或许是他们留学时间拖长的原因之一。但恐怕主要还是因为作为新兴国家的知识分子，他们对创建新王朝及随之而来的制度和法制的改革、整顿等充满了旺盛的求知欲，并贪婪地吸取。这一切都是大化改新后日本国家建设的重要参考。

基本可以明确，遣隋使的目的包括掌握佛法和学习典章制度两个方面。虽然没有明确的史料记载，但从客观状况来判断，显然围绕朝鲜半岛的角逐也是目的之一，这是可以推断的。

随着新罗的兴盛，日本逐渐丧失了对朝鲜半岛的根据地任那的控制。根据《日本书纪》"钦明天皇二十三年"条记载：

春正月，新罗打灭任那官家。

因而一般认为，任那是在钦明天皇二十三年（562 年）被新罗彻底吞并的。

此后，日本对朝鲜半岛的最大关注就在于能否复兴任那。《日本书纪》"钦明天皇纪三十二年"条记载，钦明天皇临终时，把皇太子叫到床前，拉着他的手，下遗诏道：

朕疾甚，以后事属汝。汝须打新罗，封建任那，更造夫妇，惟如旧日，死无恨之。

对于已命在旦夕的钦明天皇来说，复兴任那一事仍是他最关心的事情。

以公元 571 年 3 月派遣坂田耳子郎君去新罗，询问灭任那的原因（《日本书纪》"钦明天皇纪三十二年"条）为开端，日本开始积极地与新罗交涉。与此相关联，还与百济进行交涉，随后不久就发展为武力行为。这发生在推古天皇八年，即派遣第一批遣隋使的公元 600 年。

据《日本书纪》记载，境部臣将军率领征讨新罗的军队攻陷了新罗五城，一度成功收回了任那，但日本军队一撤退，任那便立即再度落入新罗之手。于是，在第三年的推古天皇十年（602 年），日本准备以来目皇子为将军，再度派出远征军。但来目皇子在筑紫身亡，遂任命其兄当麻皇子代替，而这次又由于当麻皇子妻子的死亡，使得征讨新罗之事作罢。

一方面试图像之前那样进行武力干涉，一方面为争取局面向有利方向发展而企图接近在朝鲜半岛有巨大影响力的中国王朝，这应当说是日本理所当然要采取的外交策略。而日本的劲敌新罗从吞并任那后的第三年（564 年），便开始向北齐王朝派去使节，受册封后又多次派使者到南朝的陈王朝，与中国密切地开展外交活动。

这样的情报大概以某种形式传到了日本，因而以圣德太子为中心的当政者们也在暗中窥伺着重新派遣大型外交使节团的机会。

隋朝统一南北朝便促进了这一时机。以推古天皇八年（600年）的武力收复失败为最终契机，使得这一计划终于付诸实施。也就是说，日本的"阿每多利思比孤"及其辅佐臣僚们在密切注意朝鲜半岛形势的同时，下决心要采取两种作战策略：打破对大陆外交的长期空白、行使武力。而此后，日本行使武力未获成功，促使其对中国开展外交活动的重要性进一步增大。接二连三地派遣遣隋使可以看作是对上述论点的间接证明。

交通路线

遣隋使的路线，相对于后来的遣唐使来说，是所谓的"北路"。恐怕这也是必然的。根据《隋书》记载，裴世清航海来日的路程如下：

> 度百济，行至竹岛，南望䍲罗国（济州岛），经都斯麻国（对马），乃在大海中。又东至一支（壹歧），又至竹斯国（筑紫），又东至秦王国（不明），其人同于华夏，以为夷洲，疑不能明也。又经十余国，达于海岸。自竹斯国以东，皆附庸于倭。

又根据《日本书纪》"推古纪十六年"条记载：

> 六月壬寅朔丙辰，客等（裴世清等）泊于难波津。是日以饰船三十艘，迎客等于江口，安置新馆。

由此可见，"经十余国"所抵达的海岸位于难波津。所谓江口，当然就是淀川的河口。

也就是说，隋使经由百济，通过对马、壹歧，穿过北九州后，从濑户内海航行至大阪湾。不难想象，遣隋使大概也是往返于这条路线。

关于百济前往中国的路途（同第三章所推测的倭五王遣使的路线一样），大概是从瓮津半岛直接跨越黄海，到达山东半岛末端部分，或者是沿着朝鲜半岛北部的高句丽所属的西岸北上，从辽东半岛的末端经庙岛列岛，到达山东半岛的登州附近。此后则走路程漫长遥远的陆路去长安。

四批遣隋使

第一次派遣遣隋使的时间是推古天皇八年，即隋文帝开皇二十年。但《日本书纪》并没有相关记载。

据《日本书纪》和《隋书》记载，第二次派遣遣隋使的时间是推古天皇十五年、隋炀帝大业三年（前面已说过，这次的使者是小野妹子，翻译是鞍作福利。据说鞍作福利又跟随第三批遣隋使赴隋后就没有回日本）。小野妹子在第二年偕隋使裴世清回日本。从《隋书》和《日本书纪》上均可看到，日本方面对此大为欢迎。此后，小野妹子又携带修改过的国书，护送裴世清渡海回中国，这是日本第三次派遣遣隋使。根据《日本书纪》记载，这次除大使小野妹子，还有小使吉士雄成同行。

然而，《隋书》记载："此后遂绝。"似乎第三次派遣遣隋使之后便告终。但《日本书纪》"推古纪二十三年"条记载："遣犬上御田锹、矢田部造于大唐。"他们在第二年偕同百济使者回到日本。

不久后，中国方面发生了隋末农民起义（611年以后），在这次动乱中，隋炀帝被杀，隋朝灭亡（618年）。日本方面，据认为是派遣遣隋使的负责人圣德太子也在三年后，即推古天皇二十九年（621年）去世。历史由此进入了接下来的遣唐使时代——古代中日交流的黄金时代。

注　释

[1] 江畑武在其论文《四至六世纪的朝鲜三国与日本——围绕中国的册封》（收入《古代的日本与朝鲜》）的补注部分写道："从镇东大将军到征东将军的变化，大概是同等的，或并非进号。"

[2] 事实上《梁职贡图》中有倭国使节的画像。如果从梁元帝（荆州刺史在任期间）的亲眼所见来看，也表明梁代中期中日彼此有过交涉。不过，一般认为该史料存在着各种各样的问题。

[3] 栗原朋信：《日本至隋的国书》（《日本历史》203 号）。

[4] 增村宏：《日出处天子与日没处天子——关于倭国王的国书》（《史林》51—3 ）。

[5] 有观点认为这封国书是经过《日本书纪》的编撰者粉饰的伪造文献。我不赞同这种观点。参照拙稿《遣隋使的国书问题纪要》（收入《东亚史上的国际关系与文化交流》）。

[6] 栗原朋信认为，天皇称号是来源于百济的上表文（收在《日本书纪》"钦明纪九年"条）中所见的"可畏天皇"；并认为百济处于中国的册封体制下，"想要对日本用同中国一样的皇帝称号便有些踌躇；如果用'天皇'这一与'皇帝'一词等级相同，但表达不同的称号，就不会有问题"，因而送了"天皇"的称号。参照《"天皇"称号成立的背景》（《历史与地理》225 号）。

[7] 栗原朋信：《日、隋交涉的一个侧面——所谓国书问题的再考察》（收入《古国古代史研究》第三）（1969 年）。

[8] 例如本居宣长的《驭戎慨言》。

[9] 增村宏的前揭论文。

参考文献

星野恒：《日本国号考》（《史学雑誌》3—30、31 ）（1892 年）。

木宫泰彦：《遣隋使並に遣唐使に関する研究》（《歴史地理》15—4、5、6，16—2 ）（1925 年）。

末松保和:《任那興亡史》(1949 年)。

高橋善太郎:《遣隋使の研究——日本書紀と隋書との比較》(《東洋学報》33—3、4) (1951 年),《隋書倭国伝に現れた日本の実情——古代日本の国際的地位 (上)》(《愛知県立女子短期大学紀要》五) (1954 年)。

和田清、石原道博:《魏志倭人伝、後漢書倭伝、宋書倭国伝、隋書倭国伝》(1951 年)。

宮田俊彦:《聖徳太子とその時代》(《歴史教育》2—4) (1954 年)。

西嶋定生:《六—八世紀の東アジア》(《岩波講座 日本歴史》巻二所収) (1962 年) (《中国古代国家と東アジア世界》所収)。

徐先堯:《隋倭国交の対等性について》(《文化》29—2) (1965 年)。

栗原朋信:《日本から隋へ贈った国書——とくに"日出処天子致書日没処天子"の句について》(《日本歴史》203) (1965 年),《東アジア史から見た"天皇"号の成立》(《思想》627) (1976 年) (ともに《上代日本対外関係の研究》所収)。

増村宏:《日出処天子と日没処天子——倭国王の国書について》(《史林》51—3) (1968 年)。

第五章　遣唐使

——异国之土

遣唐使一览表

历时两千年的中日交流史中最突出的，恐怕还是遣唐使。

正式派遣的遣唐使前后达 12 次（如果把天智天皇四年派遣的遣唐使也看作是正式的遣唐使，则是 13 次）。

一览表如下：

次序	使者姓名	总人数	船数	出发年代	回日本年代
一	大仁　犬上三田耜 大仁　药师惠日	不明		舒明天皇二年（630 年）	同四年（632 年）
二	大使小山上　吉士长丹 副使小乙上　吉士驹 〔另组〕 大使大山下　高田根麿[#] 副使小乙上　扫守小麿	121 人 120 人	1 1	白雉四年（653 年） 同上	同年五月（654 年）★(1)
三	押使大锦上　高向玄理[#] 大使小锦上　河边麻吕[#] 副使大山下　药师惠日	不明	2	白雉四年（654 年）	齐明天皇元年（655 年）

次序	使者姓名	总人数	船数	出发年代	回日本年代
四	大使小锦下　坂合部石布 副使大山下　津守吉祥	不明	2	齐明天皇五 年（659年）	同七年 （661年）
五	小锦中　河内鲸	不明		天智天皇八 年（669年）	
六	执节使直大弍　粟田真人 大使直广参　高桥笠间 × 副使直广肆　坂合部大分 （从五位下　巨势邑治）★(2)	不明		大宝二年 （702年）	庆云元年 （704年）★(3)
七	押使从四位下　多治比县守 × 大使从五位上　阿部安麿 × 大使从五位下　大伴山守 副使正六位下　藤原马养	557人	4	养老元年 （717年）	同二年 （718年）
八	大使从四位上　多治比广成 副使从五位下　中臣名代	594人	4	天平五年 （733年）	〔第一船〕 同六年（734年） 〔第二船〕 同八年（736年）
九	大使从四位上　藤原清河# 副使从五位下　大伴吉麿 副使从四位上　吉备真备	第二三 船为220 余人	4	天平胜宝 四年 （752年）	〔第二、四船〕 天平胜宝六年 （754年） 〔第三船〕 同五年（753年）
十	大使正四位下　佐伯今毛人 × 副使从五位上　大伴益立 × 副使从五位上　藤原鹰取 × （从五位上　小野石根） （从五位上　大神末足）★(4)	不明	4	宝龟八年 （777年）	同九年 （778年）
十一	大使从四位下　藤原葛 野麻吕 副使从五位下　石川道益#	不明	4	延历 二十三年 （804年）	同二十四年 （805年）
十二	大使从四位下　藤原常嗣 副使从五位下　小野篁 ×	651人 （但第 三船 140人 未发）	4	承和五年 （838年）	同六年（839 年）及七年 （840年）

★（1）入唐途中遇难，未回日本。

（2）高桥笠间辞去大使，坂合部大分代为大使，新任命巨势邑治为副使。

（3）但大使坂合部大分是在养老二年（718年）回日本，副使巨势邑治是在庆云四年（707年）回日本的。

（4）副使大伴益立被更换，新任命小野石根、大神末足为副使。另外，大使佐伯今毛人生病不能渡唐，副使小野石根代理大使。

×号表示虽已被任命，但因各种原因，最终未赴中国者。

#号表示在往返途中或在中国死亡，未能回日本者。

以上共计12次。此外，为送还唐使而组织的"送唐客使"（以及虽然没有用这个名称，但从内容来判断一般认为属"送唐客使"的情况）如下表：

次序	使者姓名	总人数	船数	出发年代	回日本年代
一 ※（1）	小锦下 守大石 小山下 坂合部石积	不明		天智天皇四年 （665年）	同六年 （667年）
二 ※（2）	小山下 伊吉博德 大乙下 笠诸石	不明		天智天皇六年 （667年）	同七年 （668年）
三 ※（3）	送唐客大使 从五位下 布势清直	不明	2	宝龟十年 （779年）	天应元年 （781）年

※（1）一般认为是为送唐使刘德高等人而派遣的。

（2）一般认为是为送唐使司马法聪而派遣的。但未到达唐，只到达百济。

（3）为送唐使孙兴等人而派遣的。

以上共计3次。此外，还有天平宝字三年（759年），为迎接渡唐后被卷入安史之乱的第九批遣唐大使藤原清河，以高元度为特别派遣的"迎入唐大使"（不过，迎接清河的目的没有达到，三年后空手回到日本）。

把这些加在一起，遣唐使共派出16次（除去天智天皇六年的"送唐客使"，则为15次）。

另外，还有任命后又中止的遣唐使 2 次、送唐客使 1 次。把这些也合计在内，则变为 19 次（或 18 次）。为慎重起见，把这 3 次也附记如下：

使者姓名	任命年代
大使从四位上 伸石伴 副使从五位上 石上宅嗣※	天平宝字五年（761 年）
送唐客大使从五位下 中臣鹰主 副使正五位上 高丽广山	天平宝字六年（762 年）
大使从四位下 菅原道真 副使从五位上 纪长谷雄	宽平六年（894 年）

※ 罢免了石上宅嗣，任命藤原田麻吕为副使。

以上是遣唐使的概况。从历时二百余年的派遣过程中可以看出，随着时间的推移，其目的和内容等均发生相当大的变化。为了更好地考察这些演变，一般认为最恰当的方法是将其分为初期、盛期、末期三个时期。

初　期

这一时期从舒明天皇二年（630 年）出发的第一批遣唐使开始，到天智天皇八年（669 年）派遣的第五批遣唐使为止。

这个时期的特点，用一句话来概括，就是遣隋使时代的延续。它包括两层含义：一是其主要目的在于学习中国的制度、典章以及佛法；另一层含义则应当从中日在朝鲜半岛上激烈的角逐关系来理解。

关于第一层含义，推古天皇三十一年（623 年）回日本的药师惠日等人向天皇上奏：

> 大唐国者，法式备定，珍国也，常须达。

而且也可以从药师惠日自己又被起用为第一批遣唐使直接看出来。这里想就第二层含义做一些考察。

如第四章所述，日本在朝鲜半岛南部的据点任那被新罗吞并发生在公元 562 年。虽然任那问题在这以后仍然存在了很长时间，[1]但在日本势力衰落后不久，朝鲜半岛南部的新罗和百济之间的对立和斗争便愈演愈烈。特别是进入七世纪四十年代后，两者间反复进行着生死攸关的攻防战。在这场斗争中，新罗积极地谋求接近唐朝，百济则加强了同高句丽的联系。唐朝接受了新罗的请求，在公元 644 年再次坚决执行了前代（隋代）没能实现的对高句丽的远征，间接地响应了新罗的请求。另一方面，日本则进一步加强了同百济、高句丽阵线的联系。

正是在上述背景下，日本派遣了第二批遣唐使（653 年）和第三批遣唐使（654 年）。可想而知，日本在公元 657 年（据《日本书纪·齐明纪》记载）向新罗提出一道派遣使者去唐朝的建议，这显然是应了百济的请求，展开外交战术企图动摇唐朝，想在唐朝与新罗之间打进一个楔子。新罗果然拒绝了日本的提议。此后第三年，即百济灭亡的前一年，日本派出以《伊吉博德书》而闻名的第四批遣唐使。

第四批遣唐使自始至终遭遇悲惨。首先，在前往唐朝的途中，大使坂合部石布所乘坐的第一船遭到逆风，漂流到南海的岛上，大部分人死亡。据说仅有东汉阿利麻等 5 人历尽艰辛到达唐朝。接下来的灾难（原因不明）是日本使者蒙受谗言，几乎被处流刑。这一事件好不容易才平息，他们又立即接到如下诏敕：

> 国家来年必有海东之政，汝等倭客，不得东归。

于是，直到第二年（660年），唐朝出兵成功地灭了百济，遣唐使一行一直被幽禁在唐朝都城。

上述种种事件或许暗示了第四批遣唐使的目的在于救援百济，因而打算对唐朝做某种外交上的牵制。如果更加大胆地臆测，前面所说的谗言，可能是指日本使者们在搜集有关唐朝出兵的情报，并且很可能这就是事实。总之充满了战争的气氛。

百济灭亡之后，日本对朝鲜半岛的政策径直指向复兴百济。最先抱有这种企图的齐明天皇亲自迁居北九州的朝仓，以此作为前进的基地，并在那里辞世。继承其遗志的天智天皇出兵朝鲜，结果在白村江被唐与新罗联军击败（663年）。

白村江的战败，对推行大化改新的新政府的国内政策来说，无疑是巨大的打击。日本同唐和新罗的外交关系当然也出现了极度紧张的状态。第二年，可能是为了刺探日本的国情，唐朝驻百济军队的将领刘仁轨[2]派出使者郭务悰。对此，日本方面断然拒绝，把郭务悰堵在对马，不让他进入日本国内，[3]并且在对马、壹岐和北九州一带部署了防人①，建造了水城和城堡，加强防御。

然而，百济的灭亡和白村江的战败，终于迫使日本从根本上修正了对朝鲜半岛的政策。而唐和新罗大概也因为还有高句

---

① 古代日本担任边防警戒任务的人。

丽这个共同的敌人，断定挑起更多对日争端并非上策。

进而在第二年（665 年），唐朝正式派刘德高为使者，他带着上一年出访的郭务惊访日。对此，在日本方面，《日本书纪》"天智纪四年"条记载：

> 是岁遣小锦守君大石等于大唐云云。

其注释记载：

> 等谓小山坂合部连石积、大乙吉士岐弥、吉士针间，盖送唐使人乎？

从这段注释来看，日本大概是特意组织了送唐客使一行，一同到唐朝去。可见双方都采取了互相靠近的态度。

到了天智天皇六年（667 年），则由百济守将刘仁轨派请司马法聪等把坂合部石积等送回日本。之后日本又以伊吉博德等为送客使，于当年把司马法聪等送回中国。不得不说这是非常恳挚的交流。

第二年，高句丽最终灭亡。同年，新罗向日本派出使者，日本也派去遣新罗使，重新打开了日本和新罗之间自公元 656 年以来空白的邦交。接着在天智天皇八年（669 年），日本派出了作为初期遣唐使总结的第五批遣唐使。

《日本书纪》仅记载派遣了河内鲸等人。但《新唐书·日本传》[4]记载：

> 咸亨元年，[5]遣使贺平高丽。

说明这次派遣的应该是祝贺平定高句丽的使节。从这里可以看出，日本不得不承认百济和高句丽相继灭亡这些发生在朝鲜半岛上的事实，继而被迫改变了对朝鲜半岛的方针。

唐朝方面则向日本派出了由郭务悰等带队、随员有两千人的庞大使团。这是先灭了百济、如今又成功实现征讨高句丽宿愿的唐朝（高宗统治期间）的一次盛气凌人的示威。

然而，虽然唐朝与新罗在高句丽灭亡之前一直是同盟国，但他们之间的矛盾在高句丽灭亡的第三年（670年）便迅速地表面化了，不久就发展为两国的激烈斗争。经过历时6年的战争，唐朝的势力退出，由新罗实现了朝鲜半岛统一。日本对朝鲜半岛的野心，虽然没有完全收敛，却也没有积极地再度表现出来。最后不得不承认新罗统一朝鲜半岛的现实。

初期遣唐使的重要使命之一就是争夺朝鲜半岛。带着这一使命的时代在公元七世纪后半叶宣告终结。

盛　期

这一时期从文武天皇大宝二年（702年）的第六批遣唐使开始，到孝谦天皇天平胜宝四年（752年）的第九批遣唐使为止〔或者到淳仁天皇天平宝字三年（759年）派遣的迎入唐大使为止〕。

此时的日本，律令体制已经逐渐完备，天平文化之花不久后便在繁华的奈良都城盛开，进入洋溢着一派生机的时期；此时的唐朝，经过中宗时代和睿宗时代，进入了玄宗皇帝"开元之治"的盛唐时期。在这令人眼花缭乱的半个世纪，遣唐使也迎来了极盛时期。

首先看一下自祝贺平定高句丽的第五批遣唐使以来，打破了持续30多年空白期而派遣的第六批遣唐使的情况。其主要成员如下：

执节使	栗田真人
大使	高桥笠间（后辞职）
副使	坂合部大分（后任大使）
副使	巨势邑治
大佐	许势祖父
中佐	鸭吉备麻吕
小佐	扫守阿贺流
大录	锦部道麻吕
小录	白猪阿麻流
小录	山于亿良
大通事	垂水广人、伊吉古麿

由此可知，当时的遣唐使已有相当的规模。此外，《万叶集》中有称遣唐使船为"四条船"的和歌。初期的遣唐使船，目前所知为2条，由4条船组成的船队是在进入盛唐时期之后才出现的。与此同时，同行的人员也增多了。初期的人员情况大半不明，但就人数明确的第二批遣唐使来看，第一船121人，可能采取了另一航线的第二船120人，其余的遣唐使团大概也有同样的规模。而进入盛期之后的第七批遣唐使为557人，第八批遣唐使为594人，超过初期的一倍以上。

盛期遣唐使的活跃气象并不仅仅表现在数量方面。

《旧唐书·日本传》记载：

长安三年，[6]其大臣朝臣真人来贡方物。朝臣真人者，犹中国户部尚书，冠进德冠，其顶为花，分而四

散，身服紫袍，以帛为腰带。真人好读经史，解属文，
容止温雅。

这些人包括因才华和端正的仪容受到了高度赏识的栗田真
人，留在唐朝获得荣升的藤原清河，在新年朝贺时同新罗争座
次、使日本的座次变为东侧第一席的大伴吉麻吕等人。他们都
是大使、副使级，真可谓人才济济。留学生和留学僧中最著名
的是《续日本纪》的记载：

> 我朝学生，播名唐国者，唯大臣及朝衡二人而已。

大臣即吉备真备（吉备真备后来作为副使又一次到访大唐），朝
衡即阿倍仲麻吕。另外还有参加过改编律令的大和长冈，以
及在圣武天皇时期一度备受天皇重视的僧玄昉等众多朝气蓬勃
之士。他们为了进一步吸收、消化在遣隋使和初期遣唐使时代
所传来的中国文化，满腔热忱地学习了中国的典章制度。正如
《旧唐书·日本传》上关于吉备真备和玄昉参加的第七批遣唐使
的记载：

> 所得锡赉，尽市文籍，泛海而还。

他们为了获得和学习经史和佛典，献出了自己的一切。他
们留唐的时间普遍很长，就算不考虑阿倍仲麻吕这一例外，玄
昉和真备等人在唐时间也长达 17 年。

可以说，奈良都城繁荣的天平文化走向成熟，主要是他们
的功劳。

末 期

这一时期是从光仁天皇宝龟八年（777年）的第十批遣唐使开始，到仁明天皇承和五年（838年）的第十二批遣唐使为止。

这个时期包括三批遣唐使和一批送唐客使。其中，除送唐客使，遣唐使船都是4艘。比如第十二批遣唐使，一行总人数为651人（但由于第三船遇难，船上的140人未成行……），当真是威势堂堂的阵势。然而，不管规模多么庞大，组织多么完整，这一时期的遣唐使已呈现出明显的衰退征兆。

在第九批遣唐使入唐的天平胜宝四年（唐天宝十一年，752年）之后的第三年，中国突然爆发了安史之乱[7]，天下太平的盛唐之梦破灭了。这次大乱从根本上动摇了唐朝。特别是华北的黄河流域，土地荒芜，大批百姓流离失所，唐朝已经失去了昔日的繁荣。得益于叛军内部的矛盾，加上回纥等少数民族的援助，这次叛乱好不容易才被镇压下去。然而，唐朝又马上遭遇周围的少数民族回纥、吐蕃、南诏等的入侵。同时，在唐朝政权内部，握有军事权力的地方节度使进一步独立，不服从中央政府的统制。在中央，由于宦官操纵了皇帝的权力，高级官僚也热衷于党争，唐朝很难继续维持下去。

另一方面，日本在长达150年间多次派出遣隋使和遣唐使，也开始萌生需学之物已吸收殆尽的想法。这种倾向在进入平安时代（749年以后）后进一步增强，其中大概也与平安贵族的消极思想不无关系。总之，以八世纪中叶为界，遣唐使明显失去了积极性和热情。

前面谈到，有两批遣唐使、一批送唐客使在任命后又中止了，都发生在这个时期。这一时期留学生、留学僧的留学时间也缩短到数年之内。

就这样，在宇多天皇宽平六年（894 年），菅原道真上奏并获准，悠久的遣唐使历史便降下了帷幕。这时，由于黄巢起义（875—884 年），唐朝的衰落情况越发严重，很快就进入被朱全忠篡国（907 年）的前夜。

三条路线

遣唐使的航路，大致可以分为北路、南路和南岛路三条。

北路首先从难波的三津浦（可能在现在的大阪市南区三津寺町附近）出发，沿濑户内海西进，在筑紫的大津浦（现在的博多）停泊。这一路段，南路和南岛路的路线亦如此。接下来北路航线与遣隋使时走的路线一样（或者说与倭五王及卑弥呼的遣使路线一样），从这里出发，经壹岐、对马，抵达朝鲜半岛的南岸，然后沿朝鲜半岛西岸北上，或从瓮津半岛末端一带跨越黄海，抵达山东半岛的一角；或从辽东半岛的西端，经庙岛列岛在登州附近登陆。然后走陆路经莱州、青州、兖州、汴州（开封）、洛阳等地到达长安。

与此相对，南路是从博多出发后，在平户或五岛列岛暂时停泊，等到顺风后一口气横渡东海，目标直指长江口和杭州湾附近。南岛路则是沿九州的西岸南下，从萨摩向多褹（种子岛）、夜久（屋久岛）、奄美（奄美大岛）前进，在这一带跨越东海，目标直指长江下游流域。一般认为南路和南岛路在登陆后所走的路线，是经由扬州，通过大运河邗沟和通济渠到汴州，然后西进至长安。

遣唐使初期阶段几乎全走的北路。

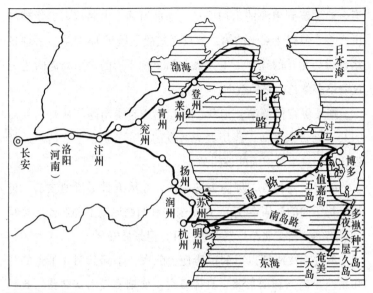

遣唐使的三条航路

　　但也有例外。一个是第二批遣唐使的第二船（大使为高田根麻吕）。该船在萨摩南方海域遇难，大概是想走南岛路（第一船走的是北路。从两船采取不同的航路来看，大概是希望可以确保万无一失地完成使命）。

　　另一个例外是第四批遣唐使。这批遣唐使的大使是坂合部石布，副使是津守吉祥，随员中有后来在天智天皇六年（667年）担任送唐客使的伊吉博德。伊吉博德留下了前面说到的《伊吉博德书》一文。

　　根据《伊吉博德书》记载，第四批遣唐使一行于齐明天皇五年（659年）7月3日从难波的三津浦出发，8月11日驶入筑紫的大津浦，9月13日到达百济南端的海岛。14日拂晓，两船一起从这里出海。但在第二天傍晚，因遭遇逆风，大使乘坐的第一船漂流到南海的尔加委岛。如前所述，大多数人不幸被岛民所杀。但副使乘坐的第二船反因这股强风于 16 日半夜提前抵达越州会稽县的须岸山（大概在如今杭州湾的舟山列岛附近）。这差不多就是南路的航向。

据《伊吉博德书》记载，归程同样也走南路。从舟山列岛的某一岛进入东海，经历九天八夜的"辛苦飘荡"之后，总算到达了朝鲜半岛南面的济州岛。

虽有上述例外，但除去这两次，在第五批遣唐使之前（包括天智年间的送唐客使），似乎去路和归路原则上都选择已经轻车熟路的北路。北路虽然费些时日，但是最安全。

不过，文武朝以后的遣唐使（除去一小部分例外）走的就几乎全是南路和南岛路。具体来说，盛期多经由南岛路，此后的末期则都走从五岛列岛附近直接横渡东海的南路。因而经常遭遇风浪颠簸而遇难。

那么，日本改变航路是出于什么原因呢？

《新唐书·日本传》记载：

> 新罗梗海道，更繇明、越州朝贡。

新罗在百济和高句丽相继灭亡之后，与唐朝的势力进行了一番较量，并把唐驱逐了出去，成功地统一了朝鲜半岛。之后，新罗的国威日益提高，同日本发生了许多纠纷。天平胜宝四年（752 年），日本甚至打算向新罗派出问罪使。此外，在淳仁天皇在位的天平宝字三年（759 年），日本造船 500 艘，准备发动战争。日本改变航路的首要原因恐怕便是新罗问题。

日本改变航路的第二个原因大概是从七世纪末到八世纪，

多褹（种子岛）、夜久（屋久岛）、奄美（奄美大岛）、度感（德之岛）诸岛，以及信觉（石垣岛）、球美（久米岛）等琉球群岛加入了日本的势力范围。可能从岛民那里了解到，如果遇上好风，直行大海可以在极短的时间内到达中国。

公元608年，多褹和夜久等南岛向日本朝贡。三年后（701年），日本派出第六批遣唐使。第六批遣唐使是否经由南岛路并无确证（但从漂抵江淮之间来看，基本上可以确定走的不是北路[8]）。此外，也缺乏第七批和第八批遣唐使走南岛路的证明。但就第九批遣唐使而言，其归路记载，"举帆指奄美岛"（《续日本纪》"天平胜宝六年"条），清楚地说明走的是南岛路。[9]

然而，这条航路不仅有危险性〔第九批遣唐使的情况也是第一船漂抵安南（越南）〕，而且从九州西岸南下到琉球诸岛需要耗费相当的时日。因此人们大概会认为，如果同样是要冒风险，还不如走从九州北岸西边的海面一口气跨越大洋这一航路更为便利。所以到了末期，全都选择南路。

南路是三条航路中耗时最短的路线。比如第十批遣唐使只用了9天便抵达扬州海陵县（现在的江苏泰州），归路（只是第三船）也仅用了七天便抵达了北九州的松浦。根据《伊吉博德书》记载，走南路的第四批遣唐使船，乘着强风，实际上仅用了两天半就到达了杭州湾附近。这同费时一个月以上的北路相比，可以说有天壤之别。

不仅如此，再看登岸后所走的路线，相比于北路从山东半岛的登州一带登陆，走陆路到达都城长安，走长江沿岸的扬州附近到达长安的路线距离略短一些，并且后者可以利用邗沟和通济渠等运河，交通便利得多。

耗时和距离较短，以及交通便利，无疑是人们选择南路的另一个重要原因。

然而，南路是最危险、遇难率极高的航线。

在所有遣唐使船中，在海上遇难且牺牲者较多的有 4 条船（包括从筑紫出发后立即遇难的第十二批遣唐使的第三船），漂流到安南、昆仑及其他南海岛屿的有 5 条船，共计发生 9 起事故。而这些船只全部走的是南路（包括据认为是走南岛路的两起事故），走北路的船只则未出现过这样的重大事故。

另外，即使是那些好不容易平安到达唐朝、最终也回到日本的船只，也并非完全一帆风顺。如第九批遣唐使的第二船就在归程中又被吹回中国，之后才再次重新出发，比第一船晚了将近两年才回到日本。再如桓武朝的第十一批遣唐使船，在暴风中颠簸漂流了 34 天，才终于漂抵福州一带。总之，顺利且成功渡航是极少数的。

试举一篇生动传达了当时海上遇难事故之可怕情景的文章。《续日本纪》"宝龟九年"条记载，第十批遣唐使的判官大伴继人有一份报告（一部分）：

> 九月三日，发自长江口。至苏州常熟县，候风。其第三船在海陵县，第四船在楚州盐城县，并未知发日。十一月五日，得信风，第一、二船同发入海。比及海中，八日初更〔下午八至九时〕，风急波高，打破左右棚根，潮水满船，盖板举流，人物随漂，无遗勺撮米水。副使小野朝臣石根等卅八人、唐使赵宝英等廿五人，同时没入，不得相救。但臣一人潜行，着舳槛角。顾眄前后，生理绝路。十一日五更〔上午四至五时〕，帆樯倒于船底，断为两段。舳舻各去，未知所到。四十余人累居方丈之舳，举舳

欲没。载缆枕柂（柁），得少浮上，脱却衣裳，裸身悬坐。米水不入口，已经六日。以十三日亥时，漂着肥后国天草郡西仲岛。臣之再生，叡（睿）造所救。不任欢幸之至，谨奉表以闻。

该报告生动地叙述了副使小野石根等60余人经历的恐怖场景，他们在一瞬间被海水吞没，船从正中间折为两段，40余人裸着身子聚集在船尾，6天不饮不食，随船漂流。顺便说一下，第九批遣唐使藤原清河在唐朝所生的女儿喜娘也在这艘船上。藤原清河自从到中国后一直未能再回日本，而喜娘又经过了九死一生，终于抵达了亡父的故乡，此前她从未来过。

虽说跨越大海绝非易事，但为什么走南路和南岛路时遇难的事例会如此频发呢？

原因之一是日本当时的造船技术还很不成熟。前面所举大伴继人的报告中谈到了船只从正中间折裂为两段的恐怖情景。据明代胡宗宪的著作《筹海图编》记载，日本的船只是把大树当作方木材拼合在一起，不用铁钉而是用铁片来连接，而且在填塞接缝时没有用麻筋桐油，仅仅使用一种名叫短水草的植物。这样连接木材的方法当然有问题，在最恶劣的情况下，暴露了船的尾部和头部会断为两截的脆弱性。另外，《筹海图编》还记载，日本船只的底部是扁平的，无法劈开波浪，其结构不适于跨越大洋。

拙劣的造船技术无疑是多次遇难的一个原因，而更为重要的原因还是航海技术的不成熟。

要想用帆船顺利跨越大海，有关季风的知识是不能欠缺的。逆风渡海就相当于螳臂当车。然而，日本的遣唐使船只似乎完全缺乏重要的季风知识。

这一点木宫泰彦等人已经指出过。[10]据《续日本纪》"宝龟七年闰八月"条记载：

> 先是，遣唐使船，到肥前国松浦郡合蚕田浦，积月余日，不得信风。既入秋节，弥违水候，乃引还于博多大津，奏上曰："今既入于秋节，逆风日扇，臣等望待来年夏月，庶得渡海。"……

看起来遣唐使船似乎是十分了解季风，在等待合适时机。事实上，一到秋冬时节，中国东海上开始刮冬季季风，并且这时九州近海的西北风一到大海中就会转为东北风。也就是说，这是渡海的最佳季节。然而，《日本书纪》中提到"既入秋节，弥违水候"，就是避开了最合适的时期；又说"既入秋节，逆风日扇，臣等望待来年"，可以说完全被眼前的风向迷惑了。等到"来年夏月"，事实上中国东海上吹的是西南风，船只就是在逆风航行，可以预料航行将极端困难。

以此类推，归路应与去路相反，在4月至7月的夏月航海是最恰当的。事实上在这一时期回日本的船只也都平安无事；与此相对，在东北风最盛的10月至来年3月扬帆出航的船只则几乎无一例外，要么遇难，要么漂流，不得不说，这愚蠢得实在可怕。

阿倍仲麻吕

一般认为，遣唐使，特别是盛期以后的遣唐使，与其政治性目的相比，他们所承担的文化交流的任务更为突出。其中特别值得一提的是同行的留学生和留学僧。

他们的确切人数很难弄清楚，但一般认为每次同行的留学生、留学僧为十余人，多的情况为二三十人。大概被挑选出来的都是在各个领域享誉盛名的人才。

在遣唐使初期，留学生和留学僧在唐时间与遣隋使时代一样，不少人长达二三十年。但随着时代的推移，在唐时间开始出现逐渐缩短的倾向，到遣唐使末期更是显著地缩短，大部分仅为一两年（如传教大师最澄仅一年，弘法大师空海也只不过两年）。主要原因可能是不顾一切地吸收中国文化的势头已经开始衰退。但这并不能归咎于日本平安朝贵族保守的精神构造，而是因为日本已经充分学习到了唐朝文化的精髓，在自己的国家可以积存相当的学术业绩。后面只需在遇到疑难问题时，请求中国的硕学之士解决便可（那些在入唐之前已经积累了相当的学术知识，为解决各个领域里高深的疑问而入唐的人，被称为请益生和请益僧）。

要论为数众多的留学生和留学僧中的著名人物，在留学生中首先要推阿倍仲麻吕。

现在所知阿倍仲麻吕的个人情况不是十分清楚，一般认为他是官至中务大辅、位至正五位上的阿部船守的儿子，生于文武天皇二年（698年）[11]。元正天皇灵龟二年（716年），虚岁19岁的阿倍仲麻吕被推举为遣唐留学生，参加了以多治比真人县守为押使的第七批遣唐使。出发时间是在养老元年（717年）三月（？），即他20岁的时候。同行的留学生中还有僧玄昉、吉备真备和大和长冈等人。

同年九月，阿倍仲麻吕一行人终于到了唐朝都城长安。此时的唐朝年号是玄宗在位的开元五年，即被颂扬为"开元之治"的唐朝顶峰时期。可以想象年轻的仲麻吕是很激动的。

阿倍仲麻吕到唐朝不久后入太学学习，随后参加了科举考试（录用官吏的考试），正式成为唐朝的官吏。尚不清楚这是贯彻了日本派遣的方针，还是出于他本人的意愿。总之，阿倍仲麻吕开始在中国走上仕途。他最初的官职可能是左春坊司经局校书。

在此后的30多年间，阿倍仲麻吕历任左补阙、仪王友等，官职步步高升。但他进入老年后，思乡之情越发炽热，遂决定随同以藤原清河为大使的第九批遣唐使返回日本，重新踏上阔别36年的故国土地。曾经同样作为留学生一起渡唐的吉备真备（他在留学17年之后，于天平六年随同第八批遣唐使多治比广成返回日本），当时作为副使再次渡唐，大概他也对阿倍仲麻吕进行了劝说。这时是天宝十二年，日本的天平胜宝五年（753年），阿倍仲麻吕56岁。他长期居留唐朝，已有了王维、李白

东征绘传（唐招提寺所藏）

等许多知己。送别他的宴会想必是很盛大的，据说当时阿倍仲麻吕因怀念故土而吟了一首诗：

> 仰首望长天，
> 神驰奈良边。
> 三笠山顶上，
> 想又皎月圆。

每每想到阿倍仲麻吕看到异国天空升起的明月而触景生情，有感而发，这首诗便更显得凄恻动人。

不过，阿倍仲麻吕的思乡之念未能实现。在横渡中国东海、驶向琉球群岛的"四舶"时，唯有大使藤原清河和阿倍仲麻吕所乘坐的第一船被风吹到了遥远的越南。而且一行人还遭遇了横祸，最终只活下 10 余人，其余 170 余人均惨遭杀害。这对于已步入老年的阿倍仲麻吕来说，大概是很难忍受的苦痛。

"阿倍仲麻吕遇难"的消息迅速在唐朝流传开来。这类变故在当时虽是很自然的事，但他其实并未遇害。

漂泊诗人李白吟下了痛心的诗句，献给这位文才丰富的异国友人。

> 日本晁衡 [①] 辞帝都，
> 征帆一片绕蓬壶。
> 明月不归沉碧海，
> 白云秋色满苍梧。

----

① 阿倍仲麻吕在中国时的名字。

两年后的天宝十四年六月，阿倍仲麻吕和同样幸存的藤原清河一道重返长安。同年十一月，发生了震撼唐朝的安史之乱。仲麻吕又同玄宗皇帝一起离开了都城，远逃蜀地（四川）。他的晚年可以说是连续遭遇不幸。

其后，阿倍仲麻吕升左散骑常侍，被任命为镇南都护，进而兼安南节度使。但此时他的心情大概已经漠然了。大历五年（770年）正月，留唐53年，时年73岁的阿倍仲麻吕在都城长安与世长辞。

圆仁、圆珍、圆载

谈到入唐僧中的著名人物，脑海里就会浮现出玄昉、最澄、空海、圆仁等名字。这里我想特别谈谈圆仁，因为他著述了一部杰出的见闻录《入唐求法巡礼行记》。E. O. 赖肖尔这样评价圆仁的业绩：

> 威尼斯商人马可·波罗漫游世界的记录，由于激起了人们的想象力而在历史长河中留下盛名。而圆仁的旅行记录不仅直至今日鲜有读者，甚至连他的名字都无人知晓。但圆仁比意大利人更早在伟大的中国留下了足迹。从某种意义上来说，圆仁在周游中国方面所创下的成就要超过马可·波罗的记录。[12]

圆仁于延历十三年（794年）生于下野国都贺郡。他长大后入比睿山延历寺，成为最澄的弟子，非常勤奋好学。承和五年（838年）七月，已经45岁的圆仁作为请益僧，随同以藤原常嗣为大使的第十二批遣唐使（最后的遣唐使）入唐。

圆仁最初的目的，和当时天台僧的惯例一样，是想登浙江台州的天台山。但不知什么原因，没有获得许可，在此期间空度了光阴，很快就迎来了随同参谒朝廷完毕的遣唐大使等人一道回日本的日子。

圆仁同大使等人谋划了留下来的办法，但第一次失败了。第二次圆仁巧妙地让大使们在下船时把他撇下。与此同时，他放弃了巡礼天台山这一难以实现的计划，下定决心前往西北的圣地五台山。

在经历了争取旅行证明等种种磨难后，圆仁最终实现了对五台山的巡礼。此后，他又前往都城长安。但在长安，圆仁却被卷进一起意外事件——会昌废佛事件。会昌五年（845 年），圆仁被强制驱逐。大中元年（847 年），圆仁在经历了许多困苦后回到日本。此后他成为第三代天台座主。

《入唐求法巡礼行记》非常详细且真实地记载了以上经过。从渡海的危险经历开始，不仅详细地记载了中国内地的情况，还细致地描述了当时的物价、民间的各种风俗，以及有关佛教的情况，同时对繁杂的唐代官僚也进行了敏锐而细致的观察。因而赖肖尔认为《入唐求法巡礼行记》是一部值得大书特书的珍贵资料。

在第十二批遣唐使的留学僧中，只有一人获准巡礼天台山。这个人就是圆载。

圆载也是最澄的弟子。在遣唐使一行人离开唐朝，且连圆仁也返回日本之后，他仍然一个人继续留在中国。他经历的离奇事迹，可见于后来渡唐的圆珍（智证大师）所著《行历抄》。

据《行历抄》记载，仁寿三年（853 年），圆珍搭乘唐朝的商船入唐，在天台山国清寺与天台僧前辈圆载偶然相遇。圆珍因在异域碰见前辈僧人喜极而泣，但一脸漆黑的圆载却表情严肃。觉得奇怪的圆珍便询问缘由，圆载说他在中国多年（到那时为止，已有 17 年，30 岁入唐的圆载当时已 47 岁），已经把日语忘记了。可是，当圆珍拿出了从日本带去的册封圆载为传法大师的敕牒时，圆载高兴不已，突然用日语滔滔不绝地谈起来。圆载再三打听圆珍带来了多少金子，而有关学问的问答却都水平很低。一位曾经的优秀人才，竟染上世俗的尘垢，堕落到不可救药的地步。圆珍写道："自天台山初次相见之日，迄至长安，全为无量之事，无需具记。"想来是还有更严重的事吧。

据说圆载当时已娶了妻子，甚至还有了孩子。又经过了 20 多年，圆载终于决心返回日本。据说圆载于元庆元年（877 年）搭乘唐商李延孝的船只返日，但途中遇难溺亡。圆载留唐 40 年，享年 70 岁。

这是赴唐留学者的悲惨故事。

鉴　真

与日本的入唐僧相对应，也有访问日本的中国僧人，论及代表人物，不用说就是鉴真。

受天平五年（733 年）参加第八批遣唐使的留学僧荣睿和普照的邀请，鉴真东渡日本。

鉴真东渡日本的艰苦历程详见于《唐大和上东征传》。鉴真前后经历了 5 次失败，他遭遇过官宪的阻挠，遭遇过船只遇难，遭遇过暴风雨而漂流到海南岛，最后双目失明。途中，鉴真失去了 36 个弟子和随从，但他仍不忘初心，始终坚持东渡日本的目标。

鉴真第六次东渡日本终于获得了成功。此次鉴真秘密搭乘天平胜宝五年（753年）返回日本的第九批遣唐使的第二船（藤原清河与阿倍仲麻吕乘坐的第一船遇到风暴）。从鉴真打算东渡日本以来，实际上已过了11个年头，这时他已经66岁。

这位双目失明的和尚，到达日本后在东大寺建立了戒坛院，建造了唐招提寺，给日本的佛教界带来了巨大的影响。唐朝是古代中日交流的黄金时代。鉴真不愧为一道象征着中日交流光辉的耀眼光芒。

前已述及，宇多天皇宽平六年（894年），遣唐使因菅原道真的上奏而废止。历时两百余年的遣唐使历史到此合上了帷幕。同时，这种定期派遣国家使节的交流史也暂时告一段落。但这并不意味着日中交流的断绝。形式改头换面后，文化交流和贸易的历史又将重新展现在我们面前。让我们在下一章中追寻从唐末至五代，这一新的交流舞台上展开的历史。

注 释

[1] 一般认为任那问题的终结是在公元646年。参照末松保和的《任那兴亡史》。

[2] 《日本书纪》记载为刘仁愿。据《旧唐书》和《新唐书》记载，当时百济守将是刘仁轨。

[3] 参见瑞溪周凤的《善邻国宝记》所引《海外国记》。

[4] 唐代正史主要有刘昫（等）的《旧唐书》和欧阳修、宋祁的《新唐书》。

[5] 《日本书纪》记载河内鲸的出发年代是天智天皇八年（669年），与《新唐书》的记载存在一年的偏差，抵达中国的时间大概是公

元 670 年（咸亨元年）年初。

[6]　《旧唐书·则天皇后本纪》记载的是"长安二年"（702 年），与
　　　　《续日本纪》相符。

[7]　节度使安禄山及其部下史思明所发动的叛乱（755—763 年）。

[8]　据《续日本纪·文武纪》记载，第六批遣唐使漂抵楚州盐城
　　　　县附近。

[9]　关于第九批遣唐使的更详细记载，可参见《唐大和上东征传》。

[10]　木宫泰彦：《日中文化交流史》（第二章，六，《遣唐使的遇难及
　　　　　其原因》）。

[11]　杉本直治郎：《阿倍仲麻吕传研究》。

[12]　足立喜六译注，盐入良道补注：《入唐求法巡礼行记》。

参考文献

小林庄次郎：《菅公の遣唐使廃止の建議に就て》（《歴史地理》5—
　　3）（1903）。

谷森饶男：《日唐の交通路に就いて》（《史学雑誌》26—5）
　　（1915）。

牧野義智：《遣唐使の事蹟に就いて》（《歴史と地理》5—1）
　　（1920）。

西岡虎之助：《遣唐使》（《中央史壇》6—4）（1923）。

大屋徳城：《智証大使の入唐求法》（《園城之研究》）（1931）。

築波藤磨：《日唐関係》（《岩波講座 日本歴史》）（1933）。

池内宏：《百済滅亡後の動乱及び唐、羅、日三国の関係》（《満鮮
　　地理歴史研究報告》14）（1934）。

板沢武雄：《日唐通交に於ける国書問題について》（《史林》24—1）
　　（1939）。

杉本直治郎：《阿倍仲麻呂伝研究》（1940）。

橋本凝胤：《鑑真和上の東征と招提律寺》（《以可留我》10）

（1940）。

塚本善隆：《日唐仏教文化の交流》（《歴史教育》3—6）（1955）。

森克己：《遣唐使》（《日本歴史新書》）（1955）。

和田清、石原道博編訳：《旧唐書倭国日本伝、宋史日本伝、元史
　　日本伝》（1956）。

安藤更正：《鑑真大和上伝の研究》（1960）。

宮田俊彦：《吉備真備》（1961）。

西嶋定生：《六—八世紀の東アジア》（《岩波講座 日本歴史》卷二
　　所收）（1962）（《中国古代国家と東アジア世界》所收）。

小野勝年：《入唐求法巡礼行記の研究》第一——四卷（1964、1966、
　　1967、1969）《入唐求法行歴の研究》（上、下）（1982、
　　1983）。

曽我部静雄：《律令を中心とした日中関係史の研究》（1968）。

足立喜六訳注、塩入良道補注：《入唐求法巡礼行記》Ⅰ（1970）。

佐藤武敏：《長安——古代中国と日本》（1974）。

蔵中進：《唐大和上東征伝の研究》（1976）。

江上波夫、川崎庸之、西嶋定生：《八世紀の日本と東アジア》第
　　一——四卷（1980）。

汪向栄（今枝二郎訳）：《鑑真》（1980）。

金鉉球：《大和政権の対外関係研究》（1985）。

鈴木靖民：《古代対外関係史の研究》（1985）。

茂在寅男、西嶋定生、田中健夫、石井正敏：《遣唐使研究と史料》
　　（1987）。

第六章 入宋僧

——蝼蚁的憧憬

废止遣唐使以后

如前章所述，遣唐使的废止，是在宽平六年（894 年）由菅原道真上奏后施行的。这篇奏文题名为《请令诸公卿议定遣唐使进止状》，文中写道：

> 右臣某，谨案在唐僧中瓘去年三月附商客王纳等所到之录记，大唐凋敝，载之具矣……臣等伏检旧记，度度使等，或有渡海不堪命者，或有遭贼遂亡身者……臣等伏愿以中瓘录记之状，遍下公卿博士，详被定其可否。国之大事，不独为身，且陈歆（款）诚，伏请处分。

可谓言词恳切。由此看来，废止遣唐使的第一个原因是唐朝的衰落；第二个原因是遣唐使在途中遇难或遇贼的危险性过高。

第一个原因（后面还要说到），大概指的是提出这篇奏文不久前发生的黄巢起义（875—884年），以及此后唐朝土崩瓦解之势迅速加重的状况。第二个原因在前章中已有详细的记载，由此竟还出现了诸如第十二批遣唐使副使小野篁称病逃避入唐的情况。这样考虑的话，不得不说理由是十分正当的。虽然强调"不独为身"，却令人感觉到上奏者字里行间流露出来的恐惧。

不过，废止遣唐使的原因仅仅是以上两点吗？

菅原道真提出奏文的直接动机在于留学僧中瓘的上表文。菅原道真提出奏文的同一年，太政官对留学僧中瓘的上表文发出了回牒。回牒记载：

> 奉敕，省中瓘表悉之，久阻兵乱，今稍安和，一书数行，先忧后喜。

大意是说，平定了历时10年之久的黄巢起义后，已经又过了10年，"如今逐渐和平"，对此感到欣喜。但因此就断定黄巢起义所引起的治安紊乱是废止遣唐使的决定性原因，不禁令人感到踌躇。

此外，旅途过于危险并不是九世纪末突然降临的灾祸，而是长期存在的问题。因此，很难将旅途过于危险认定为废止遣唐使的首要原因。也就是说，菅原道真列举的两条原因，虽然都很有道理，但很难说仅此两点就构成了决定性的原因。

会想到的其他原因首先就是庞大的费用。虽然原则上遣唐使在唐朝逗留期间的费用是由唐朝支给的，但建造"四舶"的费用，往返途中所需的费用，发给大使、副使乃至水手等全体

人员的巨额赐品，给留学生、留学僧的留学费，赠送给唐朝的
礼品等费用之和，对于当时日本的财政来说，肯定是一个不小
的负担。

宽平六年太政官给在唐僧人中瓘的牒文接着记载：

> 又顷年频灾，资具难备。而朝议已定，欲发使者。年
> 整之间，或延年月……

意思是说，"虽然朝廷已经决定派遣遣唐使，但近年来天灾频
发，派遣费用和准备资材都有困难，或许要延期出发"。恐怕这
才是废止遣唐使背后所蕴藏的最重要原因（后面也将触及，从
决定废止遣唐使的宽平年间到延喜年间这段时期，是一个不仅
在国家财政上，甚至连贵族个人生活上都提出了节约紧缩方针
的时代）。再加上唐朝内乱带来的衰落，以及平安贵族害怕途中
危险的保守精神日益加重，遂决定废止从第一批遣唐使以来长
达三百年的派遣正式国使计划。

然而，如果进一步考虑，可以窥见其背后还有一个次要的
原因。这就是私人之间的往来代替了官方遣使，特别是从九世
纪中叶起往来变得频繁起来的唐商。

唐船首次来到日本（有史料明证的）是在仁明天皇承和九
年（842年）。[1]自此以后至唐末的半个多世纪间，唐船到达日
本（仅就史料上记载）的次数超过20次。实际数字恐怕要远远
超过20次，而且已证实另外还有新罗船以及数量较少的日本人
的私船，[2]可以说私人贸易船的往来是相当频繁的。

前已述及，遣唐使，特别是中期（盛期）以后的遣唐使的
主要目的，在于引进先进的唐文化。但不可否认的是，遣唐使

在引进先进唐文化的同时，也进行着官营贸易。可想而知，遣唐使带来的唐朝货物，必定大大刺激了日本平安朝贵族们的嗜欲。九世纪中叶以后私船的频繁往来，大概就是为了适应这种高涨的物欲。这样的话，就可以说遣唐使船的作用之一已经逐渐转让给了以唐船为中心的私船。

事实上，早在日本决定正式废止遣唐使之前的九世纪中叶左右，留学僧和留学生们就开始陆陆续续地利用唐船了。

最早见到的例子是僧惠萼。此后一直到唐末，利用唐船等渡海的学问僧有将近30人。这说明遣唐使在传入学术、文化这个主要方面的作用，逐渐被私船所代替。

不仅如此，这些唐船远比遣唐使船安全。其中的一个原因是唐船的造船技术高超，与遣唐使船相比，所造船只体型小，但坚固而轻快。而更加重要的原因是，中国船员在当时似乎已经掌握了中国东海的气象情况。

从唐船来路与归路的出航月份可以看出，从明州（浙江宁波）一带出发驶入中国东海，必定选择四月到七月上旬期间，这期间可借西南季风之力，易于渡海。反过来，踏上归途时则大多选择八月到九月初期间，即农历中秋以后，开始刮冬季季风的时期。在这一时期，九州沿岸刮西北风（如前章所述，遣唐使船大多被沿海的气象条件所迷惑），航行到中国东海后风向逐渐变成东北风，有助于帆船的航行。而且由于还没有进入冬季，季风还不太猛烈，恰好是船只遇难危险最小的时期。

如上所述，无论在文化方面，还是在经济方面，遣唐使的作用都已逐渐被私船所取代，而且私船在安全性上要高得多，又有何必要冒着风险派遣需要庞大费用的遣唐使呢？平安朝贵族下此决议的深处，恐怕有这样的判断在起作用。应当考虑到，遣唐使虽同大陆的大国有睦邻友好之名，但他们是易于舍名而取实的。

这样，长达三百年的派遣国家使节的伟大事业迎来了终点。但以上所说的废止遣唐使以后的情况（事实上是公元 838 年派遣的最后一批遣唐使，即第十二批遣唐使以后的情况），即彼此依靠私船进行交流的情况，基本上原封不动地持续到后来的五代和宋王朝时代。在考察这一时期的交流情况以前，先简单介绍当时大陆的变化。

从唐末到宋

众所周知，最早给代表中古中国辉煌的唐朝敲响丧钟的是安史之乱。安史之乱迫使玄宗皇帝在四川流亡，还夺去了杨贵妃的性命。但其严重性并不只是造成一个皇帝的悲剧，而是它从根本上动摇了唐朝的基础，进而宣告了一个时代的结束。好在唐朝在安史之乱后改革了各种制度，并依靠江南的富庶，勉强继续维持命脉。而造成它一举崩溃的直接原因，便是前面提及的黄巢起义。

黄巢是个私盐商人。他与十九世纪太平天国运动的领导人洪秀全非常相似，都属于在通向高级官僚之路的科举考试中屡遭失败的受挫型知识分子。

公元 875 年，黄巢响应最早在山东地区发动叛乱的王仙芝的号召而造反。他曾一度占领都城长安，使僖宗皇帝流亡四川，势力盛极一时。但他之后被出身突厥系沙陀族的李克用等人打败，最后于公元 884 年自杀身亡。这就是黄巢起义的大致经过。掌握了地方军政、民政两方面权力的藩镇节度使以黄巢起义为契机，权力得到进一步加强；作为中央政府的唐朝的政治力量则日益衰微。不久后，在藩镇中最有势力的朱全忠迫使唐朝最后的皇帝哀帝让位给自己。朱全忠成了五代后梁的太祖，至此持续了 20 代、共 289 年的唐朝便寿终正寝了。

所谓五代，是指从后梁的太祖即位（907 年）到宋朝的建立，在这大约半个多世纪间，接连有五个王朝兴亡。又因为在地方上割据的小国约有十国，所以这一时期又称为五代十国。

五代因赵匡胤创立宋朝而终结，中国也由此恢复了统一。但这时北方游牧民族契丹开始崛起，逐渐显示出即将来临的南（农耕的汉族）北（漠北的游牧、狩猎民族）对立、斗争的征兆。

五代时期的交流

在持续了大约半个世纪的五代时期，来到日本的中国商船（仅就史料上明确的记载）超过 10 次。

这里依据的史料是《日本纪略》《扶桑略记》《本朝世纪》《本朝文萃》等。值得注意的是，五代时期同中国交往活跃的商船中完全看不到日本商船的身影。

即使史料上没有记载，也不应断言完全没有交往。稍后的永承二年（1047 年）发生了一起事件。一个名叫清原守武的筑前居民，因偷渡中国（当时是宋朝）而被官府没收了贸易物品，并与同伴一起被流放到遥远的佐渡岛。

这起事件令人预感到日后会出台禁止渡航海外的法令。但禁令是在何时、以何种形式发布的，仍不甚清楚。虽然不清楚，但是如果与上述完全找不到记载着五代时期有日本商船渡航的史料这一事实联系起来考虑，可以推测，日本平安朝政府从公元 907 年唐朝覆灭开始，便禁止日本商船渡航海外了。

当时正值日本的延喜年间（901—922 年）。延喜年间，在醍醐天皇和藤原时平的领导下，日本企图重整律令政治，提出了紧缩国家财政的政策，甚至还有干预贵族的个人生活的节约方针。一般认为，与这一紧缩、节约方针相关联，当时还提出了一项限制贸易的政策，[3] 即禁止贵族们竞相购买唐物（来自中国的舶来品），进而规定中国商船来航必须间隔至少两年。这些方针想必是与上述日本人的海外渡航禁止令互为表里的。

也就是说，在决定废止遣唐使（尽管也有财政等方面的原因……）的宽平六年（894 年），日本采取的是消极的对外政策；当遭遇辉煌的唐朝灭亡这一重大政治事件后，日本的对外政策就变得更为消极，出现了除一部分得到敕许的僧侣等，严禁日本人渡航海外的锁国状况（尽管在进入北宋时代以后，由于现实中有经济上与文化上的要求，因而锁国的倾向逐渐打破，但锁国政策作为日本的对外方针基本上延续了下来。关于这些内容，我想在后面再论述）。

如上所述，五代时期中日的交流不太活跃。但还是可以看到 10 多次中国商船的来航，也可以看到一些日本僧侣利用这些商船渡海访问中国。与唐朝相比，入宋僧的数量虽然显著减少，但仍有宽建、超会和日延等六七名僧人在历史上留下了名字。

宽建是兴福寺的僧侣，他为了到五台山巡礼，于醍醐天皇延长四年（926 年）申请渡海，并获得许可。第二年正月，宽建同超会、宽铺和澄觉等人搭乘中国商船访问中国。但他不幸在建州的浴室中闷死，未能实现巡礼五台山的夙愿。反而是从僧澄觉等人实现了对各处圣迹的巡拜，并游历了都城（后唐的都城洛阳），蒙赐紫衣。

从僧之一超会将这些经过告诉北宋时代访问中国的僧奝然，然后流传至后世。据说超会当时已 85 岁，虽然有与奝然交谈的意愿，但早已完全把日语忘了。据《宋史·日本传》记载，奝然不懂汉语，大概两人是靠汉字笔谈来交流思想的。想到萦绕在老僧心中的万千往事，不禁让人哀思满怀。

这一时期，中国商船出发地和到达地仍同前代一样（后世也同样），是在杭州湾沿岸或长江口一带的明州或越州。因为五代时期控制江浙一带的是称作吴越国的地方政权，所以这一时期的中日交流，具体来说就是日本同十国之一的吴越国的交流。

同吴越国的交流，当然是以贸易为重点，但同时也包含些许前面提到的文化因素，而且也有一些官方性质的交流。

如朱雀天皇承平六年（936 年），来航日本的吴越人蒋承勋就带来了吴越王的书信，左大臣藤原忠平写了回信。从天庆三年（940 年）左大臣藤原忠平捎信给吴越王一事来看，在此之前可能也带来过吴越国的国书。而且根据《本朝文萃》和《日本纪略》记载，在村上天皇天历元年（947 年）、天历七年（953 年）、天德元年（957 年）和天德三年（959 年）均来过国书。

中国方面的动作是相当频繁的，对此日本方面也以写回信、寄砂金来应对。然而，这种应对方式是由左大臣和右大臣署名，并未采用正式国书的形式，同时也没有特意派遣答礼的使者，而是把书信托交给对方的使者。另外，从这些书信的内容来看，如天历七年（953 年）右大臣藤原师辅在回信中说道：

　　抑人臣之道，交不处境，锦绮珍货，奈国宪何。

由此可以看出，日本采取的是"迫不得已"的应对方式，态度极为冷淡。

吴越国只不过是一个地方政权，从这一点来说，日本这样做也是理所当然的。可以说，这恰好显示出当时日本采取的是消极的外交态度。

与宋的交流

在宋（北宋）朝的 160 多年（960—1127 年）间，宋船来往的次数仅明确的就达 70 次，可谓相当多，但能够断定为日本商船的却一艘也没有。

可以说这一现象已清楚地表明了宋（北宋）朝时中日交流的情况。也就是说，中国方面的积极态度与日本方面的消极态度相对立，双方产生了矛盾和纠葛。从大趋势来看，日本后来逐渐被中国方面的积极态度所影响，再加上本身体制内的要求和内部矛盾，最终在接下来的时代（南宋时代）转变为积极的对外态度。

宋船与唐末的中国商船一样，是小型、轻快型船只，可乘坐六七十人，至多不超过百人，出航的地点仍然主要在江南的两浙一带，利用季风跨越中国东海，经由五岛列岛一带，抵达北九州的博多。航行所需天数一般是一周左右。由于航海技术日益进步（可指明方向的罗盘被用于航海也是在这一时期），遇难次数已大量减少。因此有不少宋朝商人多次航渡来到日本，其中有人五次到访。

在日本的交易流程是：宋船首先抵达博多湾头一带，警固所的官吏立即将宋船的目的报告大宰府；大宰府审查该商船所携带的公凭（写有船只来航的目的、船长和船员姓名、装卸的货物内容、禁止事项和违反这些禁令的处罚规则，以及两浙路市舶司官员签署的类似官方旅行票据），并把检查结果报告给都城；中央接到报告后，商议是否允许交易。决定是否允许交易的主要标准是前述的年限问题。按当时的规定，凡距离上次来航时间间隔不到两年者，即命令其返回本国。

果真得到许可，宋商就被安置在大宰府的鸿胪馆。鸿胪馆原来是为方便外国使节、归化人或遣唐使等在日本停留而设置的住宿机构，随着唐末的变化，即废止遣唐使和唐朝商人增多这一时代趋势，逐渐改成了中国民间商人们的住宿处（直到唐末都是"安置供给"，到五代以后才变成只"安置"，不"供给"。也就是说，明确地从官方免费的住宿机构变成了自费的住宿处）。

从都城前来的唐物交易使很快就来到安置着中国商人的鸿胪馆，并在大宰府官吏的协助下检查交易物品。此后的程序是：首先收购政府需要的物品，然后才许可同普通百姓交易。

日本进口的物品有唐绫、唐锦等丝绸织物，沉香、丁香、麝香等香药，紫檀、白檀及甘竹、吴竹等竹木，鹦鹉、孔雀等在日本十分珍罕的鸟兽，以及宋朝大量印刷的书籍等。反之，宋商从日本带回本国的物品主要是砂金、珍珠、水银、硫黄等天然产品，同时还能看到大量的螺钿、泥金画、屏风等工艺美术品，想来日本精巧的技术在中国颇受珍视。

以上是以民间为基础的交流，在此期间多少也进行过官方的交涉。

关于官方的交涉情况，虽然积极的一方仍是宋朝，但日本主动的情况也不是没有。根据《皇朝类苑》记载，一条天皇宽弘五年（宋真宗大中祥符元年，1008 年），日本的使者来到宋朝，上奏中国皇帝：

> 盖因本国之东有祥光现，其国素传中原天子圣明则此光现。

真宗十分喜悦，准许建造一座寺院。[4]另据《宋史·日本传》记载，（仁宗）天圣四年（日本的后一条天皇万寿三年，1026 年）十二月：

> 明州言日本国大宰府遣人贡方物，而不持本国表，诏却之。

从当时日本消极的外交态度来考虑，上述举动令人无法理解。但这可能是日本政府在外交上的努力，即原则上坚持消极态度的同时，试图通过驻外机构私下进行交涉；抑或是驻外机构大宰府为求得贸易利益或其他利益，试图瞒着中央进行活动。大概二者必居其一。

中国方面的主动活动，较早的有三条天皇长和二年（1013年）时带来的牒文，以及右大臣藤原实资呈给后一条天皇的书信等。白河天皇统治时期（1072—1086 年在位）特别活跃，大致相当于宋朝第六代皇帝神宗的时代（1068—1086 年）。

延久四年（1072 年），僧成寻带着七名弟子入宋。但在第二年，赖缘等五名从僧被迫先行返回日本。宋僧悟本与他们同行。他们乘坐宋商孙忠的船渡海回日本。他们还带了宋神宗的书信和国家赠送的礼物。

虽说是敕书，但不应看成是正式的国书，而应该视为在中国赠送礼品时附的字句。根据《宋史·日本传》记载：

是后〔神宗以后〕连贡方物，而来者皆僧也。

可见宋朝把入宋僧理解为朝贡的使者，被允许进谒神宗的成寻自然也被看作是进贡的使者，因此神宗才寄来了书信和礼物作为回礼。

如果从正在恢复大唐王朝声威的大宋国皇帝亲赐敕书一事来看，应当说这是一件非常重要的事件。日本自九世纪末以来就与中国中断了官方邦交，在此期间大概是挣扎于延续消极外交的传统思想与大陆霸主宋朝的重压之间，实际上历经了三年的狐疑和逡巡。

到了承保三年（1076 年），日本朝廷终于决定接受宋朝皇帝的书信和礼物，但这次又因用什么来作为回礼而发生争执。直到第二年才决定由长季朝臣书写回信，回礼为六丈织绢二百匹和水银五千两。承历二年（1078 年）正月，日本朝廷终于任命僧仲回为使者，让其搭乘孙忠的船前往中国。这已经是日本得到宋朝皇帝的书信以后又过了五年的事。

仲回蒙赐"慕化怀德太师"的称号回到日本，顺便带回了牒文（据《宋史·日本传》记载，可能是明州刺史的牒文）。日本决定这次不送回礼（这是几经商讨的结果），但宋朝的活动并未就此中止。

三年后的承历四年（1080 年），担任过接送仲回的宋商孙忠又带来了明州的牒文，而且据说同年（源自《水左记》），宋商黄逢也带来了宋帝的国书。[5]对于前者，永保二年（1082 年），日本方面捎去了右中牟大江匡房起草的回牒。宋朝方面如此频繁的活动，正如《百炼抄》"承历二年"条记载：

> 此事（宋朝的贡品）已为朝家大事，唐朝与日本，和亲久绝，不贡朝物。近日频有此事，人以成狐疑。

似乎使得朝野的人心大为动摇。

在此后的堀河天皇和鸟羽天皇统治时期，宋朝方面主动开展的官方交流仍在继续。概括这一时期的特点，可得出以下两点结论：一是官方层面的交流主要是宋朝方面积极，日本方面基本上保持消极的态度；二是这种交流不具备过多的政治性质，大体上起着推动经济交流顺利进行的辅助作用（正因如此，来书大多是明州刺史的牒文）。如果再补充几点，一是官方的交流在北宋时代后半期（相当于日本从摄关政治逐渐转向院政的时代）比前半期多；二是日本的态度虽然仍逡巡不前，但对中国的主动行动还是尽可能地响应。

接着进入了南宋时代，可以说双方交流趋向密切（日本方面也转变为积极的态度）的暗流一直持续不断。

变化的萌芽

从唐末到五代和宋代，是中国历史上一个重大的转折点，这是得到了各方公认的。而其中发挥着支柱作用的是各产业的发展、商品生产的盛行、货币经济的扩大，以及城市的发达等经济方面的变化。

唐末以来，中国商人出海（其契机虽然是唐末阿拉伯商人的暂时撤出），基本上是由于中国社会内部的变化和发展所促成的。

然而，与中国商人的这种欲求相比，唐末以后日本方面的态度毋宁说是消极的，唐朝灭亡后甚至执行了锁国主义。这样，中日之间自然会产生矛盾和纠葛。

调解这种矛盾的办法，就是延喜年间规定的年限制度（来航时间要间隔至少两年）。但一方面有中国商人强烈的交易欲求，另一方面又有日本人对唐物的挚热爱好，这样一来，这种弥缝政策自然逐渐露出了破绽，年限制度就变得徒具形式了。

当时中国帆船的航海技术是利用季风。所以假使违反了年限制度，受到驱逐处分，如果没有季风，也无法渡海返回中国。在不得已执行缓期处分期间，自然就有了走私贸易。有的来航船只还声称是由于风浪，不得已漂流而来的。面对中国商人的这些手段，大宰府的官吏们理应给予严惩，但他们实际上只是根据情况酌情处理，年限制度便听之任之地变得有名无实了。

不过，在大宰府内被日本政府所认可的交易，其实并没有给中国商人带来太多利益。不仅很难以中国商人所企望的价钱成交，而且一旦财政窘迫，日本政府就会故意拖延偿付其利用先买权购买的货物的钱款。有这样的极端例子：由于拖延偿付长达三年之久，此期间在鸿胪馆等待的中国商人中竟有人饿死。[6]

如此一来，宋商们自然会在大宰府以外的地方寻求秘密的民间贸易。这就是带有治外法权性质的各地庄园的走私贸易。

而且，因为日本贵族们也追求唐物，所以最初秘密的走私贸易逐渐地公开化了。不仅如此，后来甚至发展到主张这是理所当然的权利，官宪不应介入。

这是进入南宋时代以后的事情。日本长承二年（1133 年），发生了宋船在肥前国的神崎靠岸的事件。这里虽是鸟羽上皇的庄园，但管理庄园的平忠盛竟枉自声称，奉上皇之命抗议大宰府官吏们的检查，这是公然否定了大宰府的贸易政策。

事态发展至此，抛弃过去消极被动的对外态度，催生出由日本方面渡海去直接获得中国商品的积极态度，当然就只是时间的问题了。有关这个问题，我想在另外的章节中讨论。

入宋僧

在宋（北宋）朝渡海的日本僧侣，在人数上要比唐朝时少得多，在史料上得到证实的约为 20 人。这也反映了当时日本消极的对外态度。

比较知名的有嘉因（奝然的弟子。与奝然一同入宋，并一同回日本，后奉奝然之命，为了向宋朝进献方物而再次入宋）、寂昭（源信的弟子。受源信委托，携带"天台疑问二十七条"入宋。宋真宗赐见。死于杭州）、成寻〔如前所述，曾受神宗召见，得其书信、礼物，命弟子赖缘等人带回日本。据说他本人留宋九年，于神宗元丰四年（1081 年）在该地病殁〕、仲回（如前所述，作为答礼使渡海入宋）等人，其中特别著名的是奝然。

奝然，据说出身藤原氏，其父官至五位，总之是出身名门。他幼年时便进入东大寺，踏上僧侣的道路。

奝然于圆融天皇永观元年（相当于宋太宗太平兴国八年，983 年）八月，乘坐宋商陈仁爽、徐仁满的船只渡海入宋。在台州（现在的浙江临海）附近登陆，首先到天台山巡拜，接着在该年十二月奉旨进入宋朝首都东京（汴京），受太宗赐见。当时宋朝已经创建了 20 多年，不管日本方面的意图如何，从宋朝方面来看，可能仍然把奝然看作是感慕德化的朝贡使。

奝然向太宗献上铜器十余件、日本的《职员令》和《王年代纪》各一卷，并回答了似乎对日本很感兴趣的太宗的各种垂问。

例如，奝然说，日本土地适于种植五谷，但麦子少；盛产轻薄、精细、美丽的绢；东面的奥州盛产黄金，西面的别岛（对马）盛产白银等。奝然还说：

> 国王以王为姓，传袭至今王六十四世，文武僚吏皆世官。

特别是最后提到王位是一姓一系，这一点大概让太宗极为羡慕。后来太宗对宰相叹息说：

> 此岛夷耳，乃世祚遐久，其臣亦继袭不绝，此盖古之道也……

《宋史·日本传》的大半篇幅被有关奝然的记载所占据。此外，从神武天皇到圆融天皇的详细名字，以及有关日本五畿七道三岛和三千七百七十二乡[7]的地理说明，又占据了其余的大部分篇幅。这大概是根据奝然所献《王年代纪》和回答所写。奝然作为第一个把正确而具体的日本知识传给中国人的"功臣"，应当被人们记住。

自唐末圆仁第一次参拜五台山以来，五台山巡礼已成为访问中国的日本僧侣们的共同愿望。奝然此后也实现了五台山巡礼，获得了他渴望已久的印本大藏经，并于花山天皇宽和二年（相当于宋太宗雍熙三年，986年）七月，搭乘台州商人郑仁德的船返回日本。

奝然回到日本后，为谢恩而命从僧嘉因等人于一条天皇永延二年（988年），再次渡海入宋。《宋史·日本传》上详细列出了奝然献给太宗的工艺美术品。即：

> 贡佛经；纳青木函、琥珀、青红白水晶、红黑木槵子念珠各一连，并纳螺钿花形平函；毛笔一，纳螺杯二口；葛笼一，纳法螺二口，染皮二十枚；金银莳绘筥一合，纳发鬘二头；纳藤原佐理（与兼明亲王、藤原行成并称三笔的书法名家）手书二卷……纳金银莳绘砚一筥一合，纳金砚一、鹿毛笔、松烟墨、金铜水瓶、铁刀；又金银莳绘扇筥一合，纳桧扇二十枚、蝙蝠扇二枚……螺钿书案一、螺钿书几一。

这些东西大都极其精巧，是当时日本最好的工艺品。

奝然还附了一封谢表呈献给太宗。谢表以"日本国东大寺大朝法济大师、赐紫的沙门奝然启"开头，结尾写道：

> 伏惟陛下惠溢四溟，恩高五岳，世超黄、轩之古，人直金轮之新。奝然空辞凤凰之窟，更还蝼蚁之封，在彼在斯，只仰皇德之盛，越山越海，敢忘帝念之深，纵粉百年之身，何报一日之惠。染笔拭泪，伸纸摇魂，不胜慕恩之至。

　　因为这是受知遇之恩而写的谢表，所以当然要说一些谦虚的话。即便如此，奓然把中国比作凤凰所栖之家，把日本比作蝼蚁所居之穴，未免妄自菲薄了。不过，从这里也可以看出，即使这个时代日本在政策上采取的是消极的对外政策和锁国主义方针，但在日本人民心中，一以贯之的对中国文化的憧憬之情依旧十分强烈。

注　释

[1] 到了九世纪中叶，之所以突然出现唐商的往来，据说是由于唐末的混乱，一向垄断南海贸易的阿拉伯商人暂时退出，取而代之的唐朝商人开始积极从事南海贸易，并乘其余势，开始从事东北方面的贸易（参照森克己《日宋贸易之研究》）。

[2] 圆仁回日本时，想搭乘而未能搭乘的船就是日本人的船（《入唐求法巡礼行记》）。

[3] 根据《小右记》"长元元年十一月二十九日"条记载，限制贸易的规定在延喜年间存在。这一点学术界的前辈们已经指出（参照森克己前揭书）。

[4] 《佛祖统纪》卷四五亦有记载。

[5] 宋商黄逢带来的事实上并不是国书，而是某一州刺史的牒文。

[6] 《小右记》"天元五年三月二十五""天元五年三月二十六日"条。

[7] 《宋史·日本传》记载有三千七百七十二郡，"郡"恐怕为"乡"之误。

参考文献

鹫尾顺敬：《入宋僧成寻及当时の日宋交通（1）—（4）》（《歴史地

理》26—2、27—6、28—1、2）（1915—1916）。

西岡虎之助：《日本と呉越との交通》（《歴史地理》42—1）（1923），
　　《奝然の入宋に就いて》（《歴史地理》45—2、3、5）（1925）。

加藤繁：《日宋の金銀価格及び其の貿易について》（《社会経済史
　　学》3—4）（1933）。

塚本善隆：《成尋の入宋旅行日記に見る日支仏教の消長——天台
　　山の巻》（《支那仏教史学》5—3、4）（1942）。

森克己：《日宋貿易の研究》（1948）《日宋文化交流の諸問題》
　　（1950）。

曽我部静雄：《日宋金貨幣交流史》（1949）。

塚本俊孝：《宋初の仏教と奝然》（《仏教文化研究》四4）（1954）。

和田清、石原道博：《旧唐書倭国日本伝、宋史日本伝、元史日本
　　伝》（1956）。

三浦圭一：《日宋交渉の歴史的意義》（《小葉田教授退官記念国史
　　論集》）（1970）。

木宮之彦：《入宋僧奝然の研究》（1983）《日宋文化交流史——主
　　として北宋を中心に》（1987）。

王雲海、張徳宗（鈴木貴子訳）：《宋代中日関係史上における奝
　　然と栄西の役割》（《東アジア世界史探求》所収）（1986）。

第七章　蒙古来袭

——夷狄之间的战争

从北宋到南宋

公元 917 年，耶律阿保机统一了通古斯语系的游牧民族契丹，建立国家，国号辽。

辽趁五代十国混乱之机介入中原，把北方的燕云十六州据为己有。宋朝建立之后，辽仍然占领着这些地方，成为宋朝长年的宿敌。宋朝不仅受到辽的压迫，而且还受到在西北方兴起的党项人的西夏的威胁，被迫同意每年向辽和西夏送去大量的银和绢，进而又使宋朝在财政上陷于窘境。

这时在契丹的更北边，还有一个蓬勃兴起的狩猎民族，这就是通古斯语系的女真人。公元 1115 年，阿骨打统一了女真部落，建立国家，国号金。阿骨打就是金朝开国皇帝太祖。

宋朝注意到这个新兴国家，采取"以夷制夷"的政策，制订了会同金以夹击辽的计划。这个计划暂时获得了成功，辽在公元 1125 年被以金军为主的力量所灭。这虽然解除了宋朝多年的忧患，但对宋朝来说，除去这个厄难实际上意味着受到来自更为强大的金军的新威胁。在辽灭亡的第三年（1127 年），金军攻陷了宋朝的首都汴京（现在的开封），俘虏了以文人皇帝徽宗和他的儿子钦宗为首的大批皇族和官吏，击溃了宋朝。这就是所谓的"靖康之难"。

这样，自太祖赵匡胤以来，宋朝历经 9 代 168 年就灭亡了。这时，徽宗的另一个皇子康王未被俘虏。康王占据江南的土地重建了宋朝。康王就是南宋王朝的高宗（与高宗建立的"南宋"相对，到公元 1127 年为止的宋朝被称为"北宋"，以示区别）。

中国在此后的百余年间，北方存在着女真的金朝，南方存在着汉人的南宋，又一次进入了南北朝对立时期。在此期间，蒙古高原正在酝酿着新的风云。这就是蒙古人的崛起。而且这股新的风云不久就会变成狂风暴雨，也袭向日本。

与南宋的贸易

不知什么原因，自南宋在江南地区重建以来的数十年间，几乎看不到宋船在宋日之间往来。这可能是由于一些非常事态阻碍了日常的贸易，即北宋灭亡，女真人占据华北，宋室南迁及与金在军事上对立。但不久后南宋与金达成和议，政局稳定，江南地区进一步开发，农业以及陶瓷、丝绸织物和印刷业等各种产业获得空前发展，这些使得宋日之间的贸易比北宋时代更加活跃。从中可以看出，日常交易的阻碍并不意味着交易欲望的根本性衰减。而且正值作为接受方的日本的态度变得非常积极的时候，双方的交易就更加兴盛了。

中国从北宋向南宋过渡的时期，日本正值院政时代，同时也是平氏兴起的时期。

第六章已提及，平忠盛伪称院宣①，挑战大宰府的权力，企图独占在自己所代管的庄园里与宋商的贸易。平忠盛这种积极的自由贸易态度，由其子平清盛原封不动地继承，进而扩大到全国的规模。

经过保元（1156 年）、平治（1159 年）之乱，平清盛确立了在平安朝贵族中的领导地位，彻底摒弃了宫廷贵族们自延喜以来一贯采取的退化、消极、保守的对外态度。例如，高仓天皇嘉应二年（1170 年），后白河法皇行幸平清盛在福原（现在的神户附近）的别邸时，平清盛与法皇一同召见了宋人；上皇②参拜严岛时，平清盛使用宋船作为上皇的御船。这些都表现了平清盛自由、现实的精神。

这一精神更直接地体现在大轮田泊（现在的神户港）工程的修建上。虽然这是一项颇为艰难的工程，但平清盛为使宋船能够驶入濑户内海停泊而倾注全力开辟道路。宋船如果能直抵都城附近入港停泊，当然有助于进一步发展宋日之间的贸易。在此之前，外国贸易船仅限在博多津入港。这实在是大胆打破先例的快意举动，但在旧势力看来，也可以说是暴戾举动。

平清盛还决心恢复与南宋的国书往来。

承安二年（1172 年）九月，南宋明州刺史捎来了方物和牒文。牒文内容虽不详，但其中有"赐日本国王物色"的字句。这个"赐"字成了问题。一个地方官吏所使用的字句中竟称"赐"，当然会被认为是无礼的。

虽然有意见主张应该立即退还牒文，但平清盛对这些责难

---

① 上皇颁发的诏书称为"院宣"。

② 所谓"上皇"，即退位后的天皇，是太上天皇的略称，上皇出家后称为"法皇"。

置若罔闻，决心赠送回信。而且在信中（大概是为了赋予官方文书的价值）把已经退位、削发的后白河法皇写为太上天皇，自己署名"日本国沙门净海牒"。与此同时，作为法皇的答礼，平清盛赠送了一个装有色革三十枚的莳绘橱柜、一只装有砂金百两的莳绘匣子；另外，还赠送了一把剑和一只装有铠甲的匣子作为自己的答礼。这一切恐怕都表明了他非同一般的用意。

当然，保守的宫廷贵族们的反对声极大。对于后白河法皇亲自在清盛的别邸召见宋人一事，当时代表贵族知识分子的藤原兼实感慨道：

　　我朝廷延喜以来，未曾有事也，天魔之所为欤？（《玉叶》）

并且责难回赠的国书和礼物：

　　偏新仪欤？色革纳厨子（橱柜），颇以荒也。又武勇之具出境外，专不可然是也。

这些吹毛求疵的牢骚，确实带有公卿们因循守旧的味道。在这些因循旧习的贵族们看来，平清盛的做法实在是无法容忍的。

然而，正如第六章所阐述，抛弃延喜以来的消极态度，逐渐转变为积极态度，已经是无法阻止的时代潮流。可以说，平清盛仅仅是助长和代表了这个潮流而已。当然，掌权者意志的影响并不仅仅在于此。宋日贸易此后的动向，不仅是从被动的消极态度转变为积极回应，而且还转变为更加积极地采取主动。也就是说，日本商船渡海，主动同唐末以来便断绝了来往的大陆开展了公开的贸易。

《建炎以来系年要录》（南宋高宗）"绍兴十五年十一月"条（近卫天皇久安元年，1145 年），是首次记载日本商人渡海情况的宋代史料（虽然是以漂流的形式抵达）。《建炎以来系年要录》记载：

> 日本国贾人，有贩硫黄及布者，风飘泊温州平阳县仙口港，舟中男女凡十九人。

其实早在一个世纪以前，航行到朝鲜半岛的日本商船便开始显著增加。

新罗于七世纪后半叶成功地统一了朝鲜半岛。该政权此后延续了两百多年，至九世纪末各地出现暴动，于公元 918 年被王建所建立的高丽王朝取代（公元 935 年，最后的新罗王金溥投降，新罗名实俱亡）。

高丽王朝沿袭了新罗的制度，到成宗时代（981—997 年在位）大致完成了建国的基础工作，到文宗时代（1046—1083 年在位）建成了国家体制。日本商人从文宗时代起陆续来到朝鲜半岛，特别是在文宗统治期间（仅史料上明确记载的），日本人的到访（不一定都是商人）最为频繁，共达 16 次。

这恐怕应该理解为：日本内部正在酝酿主动开展贸易的要求，由于这一要求遭到延喜以来禁止航渡大陆的法令阻挠，便不得已转向朝鲜半岛。入朝的日本人携带的货物为珍珠、硫黄、水银、工艺美术品等，与入宋的日本人向中国输出的物品几乎完全一样。此外，到了日本民间贸易船只可大批直航至中国南宋的时代，前往高丽的日本商人便不见踪迹了。由此看来，这样理解是有道理的。

前已述及，日本商船第一次渡航南宋是在第一代皇帝高宗绍兴十五年。现将南宋时代日本商船渡航的实际情况（史料上明确记载的）用一览表表示如下：

公元	日本年号		中国年号		记载	出处
1145 年	近卫	久安元年	高宗	绍兴十五年	日本贾人男女十九人，漂泊至温州	《建炎以来系年要录》
1175 年	高仓	安元元年	孝宗	淳熙二年	倭船火儿滕太明（日本人名）殴郑作（中国人名）死。	《宋史·日本传》
1176 年		安元二年		淳熙三年	风泊日本舟至明州。	《宋史·日本传》
1183 年	安德	寿永二年		淳熙十年	日本七十三人复漂至秀州华亭县。	《宋史·日本传》
1193 年	后鸟羽	建久四年	光宗	绍熙四年	泰州及秀州华亭县复有倭人为风所泊至者。	《宋史·日本传》
1199 年	土御门	正治元年	宁宗	庆元五年	（四月）僧俊芿等乘日本人庄次郎船入宋。（七月）禁高丽、日本商人博易铜钱。	《泉涌寺不可弃法师传》《宋史·宁宗纪》
1200 年		正治二年		庆元六年	日本船至平江府。	《宋史·日本传》
1202 年		建仁二年		嘉泰二年	日本船至定海县。	《宋史·日本传》
1242 年	四条	仁治三年	理宗	淳祐二年	西园寺公经商船自宋归朝。	《故一品记》
1277 年	后宇多	建治三年	端宗	景炎二年	日本商船赍报宋朝灭亡	《建治三年记》

　　日本商船渡航南宋的次数虽不是很多，但就多为漂流抵达而言，这应该仅仅是保留了值得特别记载的记录，可以想象实际情况远多于此。另外，据明州地方志《开庆四明续志》（宋代梅应发撰）记载，宝祐年间（1253—1258年）负责沿海警备的吴潜上奏："沿海流浪之日本人甚多，每日支给米二升、钱一贯五百文，应使其归国。"从这段记载来看，实际情况应该远比上述一览表多。

　　这些姑且不论。通过一览表，人们一眼就可以看出从高仓天皇安元元年（1175年）开始，日本渡海商船突然开始增多。这与掌权的平清盛召见宋人（1170年）、给宋朝明州刺史赠送回信（1172年）、着手大轮田泊工程的修建（1172年）等在对宋贸易上做出努力的年代是完全一致。大概是平清盛不因袭旧习的果断政策，使得日本商人们长期被压抑的前往大陆的欲求，一下子犹如决堤的洪水般迸发出来。

　　寿永四年（1185年），平氏家族在坛之浦灭亡，日本进入镰仓幕府时代。但由平清盛开辟的宋日贸易繁荣之路却一如往昔——至少在镰仓时代初期被沿袭下来，甚至可以说获得了进一步发展。

　　此后源赖朝打败平氏，取得平氏的主要地盘九州一带的统治权。文治二年（1186年）十二月，源赖朝任命天野远景为镇西九国奉行，根据幕府给天野远景的御教书记载，[1] 庄园与来庄园的宋商船之间的交易是完全自由的，大宰府依仗平安朝时代以来的管理权，企图对此加以干涉也是非法的。这可以说是公开否认了长期存在的由大宰府管理国家贸易的原则；公开承认了平安末期以来庄园内事实上进行而原则上却又非法的自由贸易，并使之合法化。

在这种潮流下，正如前面的一览表所示，日本渡海的贸易商船日益增多，由此诞生了西园寺公经等豪奢富贵。当时政界的幕后操控者、和歌诗人藤原定家慨叹西园寺公经的游玩"尽海内之财力"。

航行海外的兴盛，可能是由于日本商船学习了宋船的造船技术和航海技术，类似过去遣唐使船的不幸遇难事例大大减少。在平安朝文学（例如《宇津保物语》）中，还有带着恐惧心情对横阻在中日之间波涛汹涌的大海的描写；而在镰仓时期的《源平盛衰记》中，则非常轻松地写道：

> 本朝与大宋之间，渡海极为寻常，甚为容易。

由此也可窥知造船技术和航海技术的进步。

镰仓时代中期以后，幕府逐渐开始对过去无限制放任的对外贸易进行某种限制和干涉。如建长六年（1254 年）发出命令，限制今后航行中国的商船总数为 5 艘。但这个命令并不意味着全面地限制贸易。因为从这时开始，幕府已经准备了自己的商船（该船被称为"御分唐船"），直接进行对宋贸易。也就是说，应把幕府对民间贸易的管制命令，看作是为了更多地保证幕府自己的贸易利益而采取的措施。

交易品的内容和北宋时代没有大的差别。仅有的不同之处是，优质的楠、桧、松、杉等木材类渐渐成为日本最重要的输出品，数量急剧增加。另外必须特书一笔的是，宋钱（宋的铜钱）开始大量流入日本。

随着货币经济的发展，中国在北宋时代铸造了大量铜钱。据说多的时候一年的铸造额突破了五百万贯。然而，从北宋末期开始，铜钱开始大量流至海外。进入南宋时代，中国国内流通的铜钱极度匮乏，出现了所谓的钱荒现象。

这大概是因为，大多数中国周边国家，在中国的影响下，也逐渐进入货币交换的经济旋涡之中，但这些国家本身不具备与之相适应的铸造技术和货币制度，因而不得不用宋钱来替代。

日本从奈良时代到平安时代初期，在唐朝影响下，先后 12 次铸造货币（皇朝十二钱）。但日本当时货币经济的发展尚不发达，另外还存在发行方式不合理、铸造技术不精巧等困难，因而尽管有政府的热心奖励和期愿，[2] 这些钱最终也未能作为货币参与流通。可是，随着平安朝末期以后生产力的发展和交换经济的增长，特别是进入南宋时代后与南宋的自由贸易兴盛，可信赖的宋钱便自然地成为有效的通用货币，最后发展成为必不可缺的通货，被加以重用。

南宋屡次颁发禁止铜钱输出的命令，以防止铜钱流出海外，但是经济上的必然趋势不是通过一纸法令所能阻止的。似乎向日本和高丽流出的铜钱尤其多。宁宗庆元五年（1199 年），南宋特别颁布了禁止向日本商人和高丽商人支付铜钱的输出禁止令。另外，日本方面也于高仓天皇治承三年（1179 年），在朝廷讨论了禁止宋钱流通的问题，其后在文治五年（1189 年）、建久三年（1192 年）再次颁布禁令。但均毫无效果，日本社会还是被卷进如汪洋般的宋钱经济旋涡之中。

整个镰仓时代，虽然日本与中国王朝没有一次官方的邦交，但却可以说在经济上几乎被完全纳入了中国的体制之中。

最后再补充一点。南宋时代，在华北有女真的金朝，可以说中国处于又一个南北朝时代。但是日本与相当于北朝的金朝却几乎没有交流。在北宋时代，可以看到在堀河天皇嘉宝元年

（1094 年），大宰府权帅藤原伊房派遣僧明范与统治中国北方（燕云十六州）的契丹辽朝进行交易的例子（后来事情败露，曾被问罪）。对于金朝，在《金史·宣宗纪》中可见如下记载：兴定元年（相当于日本的建保五年，1217 年），"日本国大宰府民七十二人，因遇风飘至中国。有司覆验无他，诏给粮俾还本国"。这与平清盛与南宋进行的密切交流无法相提并论，不得不说热情地对"南"交流与冷淡地对"北"交流形成了鲜明的对照。这是为什么呢？

当时日本前往中国的航路是横渡中国东海，抵达明州附近的所谓南路。这恐怕是日本坚持只同南宋贸易的一个原因。然而，日本的商人们曾有过一度热衷于同高丽贸易的时期。如果从朝鲜半岛西岸北上，华北地区便近在咫尺。所以不能认为航路问题是主要原因。

我认为这里也可以看出日本人不认可金朝为中国正统王朝的传统价值观。这种价值观同日本人对汉族和汉族王朝的敬爱与亲近感明显互为表里，即日本人站在汉族一方，把汉族的仇敌夷狄也视为"夷狄"和异端。有关这些内容，我想在下面考察蒙古人来袭时略加论述。

禅僧的交流

如前所述，一般认为南宋时代，特别是南宋时代中期，中日交流进入了自由贸易时代。这一时代双方商船频繁往来。当然，这一潮流不仅表现在贸易方面，在其他方面也有所反映，如层出不穷的入宋僧。

在北宋时代的 160 余年间，入宋僧 20 余人；在南宋时代的

150 余年间，仅史料上明确记载的入宋僧就足有百人。这个数字可以与唐朝的鼎盛时期相匹敌。而且北宋时代的僧侣大多并非诚心去求法，而是希望参拜天台山或五台山以消除自己的罪孽，是为巡礼僧。与此相对，南宋时代的入宋僧（虽然初期有同前代一样的圣迹巡礼僧），大部分是修业僧侣，他们主要是为了学习当时被大力宣传的禅宗。

　　禅在唐朝就已盛行，不少入唐僧把它传到日本，但一直未被接受。到了其发源地中国进入兴盛顶峰的南宋时代，禅才终于在日本受到瞩目。又正值平安朝贵族出现衰落，素朴的、注重行动的武士阶级作为新兴统治阶级兴起的转折时期。武士们在不立文字、提倡绝对认识、主张死生一如的禅宗中，找到了其他宗派所不能给予的打动人心的精神共鸣。因而，禅宗作为受到武家政权支持的代表性宗教，终于在镰仓时代一举迎来了兴盛期。

　　首先大力鼓吹禅宗的是荣西。荣西生于备中国①，在延历寺受戒，学习天台密教，于仁安三年（1168 年）入宋。其后过了将近 20 年，荣西于文治三年（1187 年）再度入宋，跟随怀敞禅师学习禅宗。荣西回日本后在京都建造建仁寺，在镰仓建造寿福寺，致力于振兴禅宗。荣西提倡的其实不是纯粹的禅宗。一般认为，这并不是因为他没有彻底贯彻禅宗，而是他为了避免禅宗受到强势的天台宗僧徒干扰。尽管这样，这并不妨碍荣西在日本获得临济禅始祖的荣誉。

　　与荣西的临济宗相对，道元开辟了曹洞宗。道元是生活在都城的公卿久我通亲的儿子。道元起初进延历寺，后来到建仁

----

① 现在冈山县的西南部。

寺向荣西请教，成了荣西的弟子。但不久荣西去世，道元便拜荣西的弟子明全为师。贞应二年（1223年），道元跟随明全入宋，时年23岁。

道元在南宋期间获得天童山如净的知遇，努力修行严格的曹洞宗，停留五年后回日本。据说道元回日本时如净给他做了这样的训诫：

> 　莫住城邑聚落，莫近国王大臣，只居深山幽谷，接得一个半个，勿令吾宗致断。

道元忠实地遵守如净的训诫，在越前国的茂密杉树林中创建了永平寺，成为曹洞宗的开山祖师。

与这些入宋僧相对照，也有不少中国僧人为促进日本禅宗的兴旺而来到日本。道隆、普宁、祖元等人是其中最具盛名的中国僧人。

兰溪道隆于宽元四年（1246年）带弟子义翁绍仁等来到日本，开启了中国禅僧抵达日本的先河。道隆到了镰仓，成为执权①北条时赖所创建的建长寺的开山始祖。后来他因受到诽谤，一度迁居甲斐国。道隆所走的传教道路并不平坦。道隆在弥漫着蒙古来袭阴云的弘安元年（1278年）入寂，时年66岁。道隆入寂后被封为"大觉禅师"。

无学祖元是在道隆入寂的第二年（即南宋灭亡那年），应北条时宗的邀请而来到日本的中国禅僧中佼佼者。有两个关于祖元的故事十分有名。一是祖元在坐禅时，面对闯进来的蒙古士

---

① 　镰仓幕府时期帮助将军处理政务的官职。

兵，依然泰然自若地唱偈。二是弘安之役时，祖元激励内心不安的北条时宗，劝诫他不要烦恼。击退蒙古人之后，祖元创建了圆觉寺，成为该寺的开山第一代住持。弘安九年，祖元入寂，享年60岁。

另外，这些入宋僧和归化僧不仅在宗教方面，而且在其他领域也为中日文化交流竭尽全力。这些功绩是不应该被忘记的。

例如，承担重建源平之战中被大火焚毁的东大寺佛殿任务的就是俊乘坊重源。重源三度入宋，在这期间学会了名为"天竺样"的建筑样式，并把它带入日本。此外，临济宗的始祖荣西学习了与天竺样同样流行的另一种新的建筑样式"唐样"，并把它带入日本。

荣西还带来了喝茶的风俗，同时著有《吃茶养生记》一书。

镰仓时代，加藤四郎左卫门在尾张的濑户开创濑户烧。据说加藤四郎左卫门曾跟随道元渡海去过中国。另外，据说弥三在嘉祯元年（1235年）随弁圆入宋，学习了中国的纺织技术，回日本后开创了薄多织。此外，还有很多各式各样的副产品。

蒙古的兴起

十二世纪末，蒙古高原上突然出现了统一的趋势。完成统一事业的是一位被谋杀的族长也速该的儿子，英雄铁木真。公元1206年，铁木真在斡难河畔召开的最高会议（部族的联合集会）上即汗位，号称成吉思汗。

这位超过50岁才即位的杰出的蒙古大汗，首先征讨西夏和金，接着开始大西征，攻占了从中亚到波斯，从黑戛斯草原到伏尔加河流域的广大地区。接着又从欧洲挥师东向，彻底消灭西夏（1227年），进而在企图征讨金时病殁，据说时年72岁。

成吉思汗死后，其子孙并没有停止对外扩张政策。成吉思汗的子孙首先在东亚地区灭亡了金朝（1234年），占据了华北地区；征讨高丽，使其订下了臣服的誓约。接着以拔都为总指挥，断然远征欧洲。另外在旭烈兀的指挥下征讨西亚，灭亡了阿拔斯王朝（1258年）。最后于公元1279年灭亡了残存在东亚的传统大国南宋王朝。这样一来，蒙古从成吉思汗即位开始，仅仅用了70余年，便建立起一个横跨欧亚大陆的大帝国。

公元1260年忽必烈即汗位。公元1264年，忽必烈把都城从哈拉和林迁到燕京（北京），并按中国的习惯立国号为大元（1271年）。忽必烈就是元世祖。

文永、弘安之役

龟山天皇文永五年（1268年）正月，高丽王朝的使者潘阜携带忽必烈的诏书和高丽的国书突然来到了大宰府。根据《元史·日本传》记载，诏书内容如下：

> 大蒙古国皇帝奉书日本国王。朕惟自古小国之君，境土相接，尚务讲信修睦。况我祖宗，受天明命，奄有区夏，遐方异域畏威怀德者，不可悉数。朕即位之初，以高丽无辜之民久瘁锋镝，即令罢兵还其疆域，反其旄倪（老幼）。高丽君臣感戴来朝，义虽君臣，欢若父子。计王之君臣亦已知之。高丽，朕之东藩也。日本密迩高丽，开国以来亦时通中国，至于朕躬，而无一乘之使以通和好。尚

恐王国知之未审，故特遣使持书，布告朕志，冀自今以往，通问结好，以相亲睦。且圣人以四海为家，不相通好，岂一家之理哉。以至用兵，夫孰所好，王其图之。

习惯上称这个诏敕为《蒙古国牒状》，现有僧宗性的抄本，存于奈良的东大寺尊胜院。但《蒙古国牒状》与《元史·日本传》上所记载的内容在开头处与结尾处略有不同（正文相同）。《蒙古国牒状》开头首先写"上天眷命"，接着才写"大蒙古国皇帝"，文末写"不宣"二字，而且写明这个诏书的起草时间为"至元三年八月"。

提到至元三年（1266年），也就是这个诏敕传到大宰府的两年前。这里有段隐情。

元世祖忽必烈决定招谕日本确实是在至元三年（日本的文永三年）。这年十一月，忽必烈派兵部侍郎（执掌军事事务的次官）黑的、礼部侍郎（执掌礼教事务的次官）殷宏二人为使者到高丽，并命令高丽负责二人到日本的向导任务。

高丽方面感到为难，据说宰相李藏用暗自决定，向元使黑的说明招谕日本有害无益，终于取得了元使的同意。李藏用带领元使到巨济岛去走个形式，在那里"见大洋万里，风涛蹴天"，"危险若此，安可奉上国使臣，冒险轻进"（上忽必烈的申辩信）。李藏用认为风浪猛烈，不能让元使冒险，元使因而折回了。

但这种骗小孩一般的理由自然不被忽必烈所接受。他怒斥高丽方面"卿先后食言多矣，宜自省焉"，命令高丽"体朕此意"，负起责任，单独同日本交涉。文永五年，高丽派潘阜为使者，奉忽必烈的诏书，充当代行招谕日本的角色，其背后有着以上这样的原委。

潘阜所携带的另一封高丽国书，首先叙述了高丽是奉蒙古皇帝的严命，不得已而派遣使者，接着说：

> 今皇帝之欲通好贵国者，非利其贡献。但欲以无外之名高于天下耳。若得贵国之报音，则必厚待之。其实否，既通后，当可知。其遣一介之使，以往观之何如？惟贵国商酌焉。

这是一封劝说信，大意是让日本接受蒙古提出的意见，暂且派出答复使。

当时的镇西奉行小式资能立便将这些书信送给镰仓幕府。幕府在进行反复讨论的基础上（想来是这样），把书信转送朝廷。抄录《蒙古国牒状》的宗性在其跋文上写着："当世天下无双之大事件。"这些书信大概使京都朝廷的公卿们震惊了。朝廷意见不一，无法轻易做出决定，最后还是未予回信。

空手而回的潘阜把这一情况报告了蒙古。忽必烈甚至不相信潘阜曾去过日本。这件事想必增加了忽必烈对高丽的不信任，他很难想象东海的小国竟敢拒绝蒙古提出的意见。于是忽必烈又派黑的、殷宏来高丽诏示：

> 向委卿导达去使送至日本。卿乃饰辞，以为风浪险阻，不可轻涉。今潘阜等何以（由）得达也。诚可羞可畏之事。卿已为之，（父）夫复何言。今来奏有潘阜至日本，遍而送还之语，此亦安足取信。今复遣黑的、殷宏等，充使前往，期于必达。卿当令重臣导达。毋致如前稽阻。

这次的措辞十分严厉，意思是说高丽根本无法信赖，还是派黑的等人去日本，但要高丽担当向导。于是，黑的、殷宏在文永六年（1296年）二月，带着高丽政府的高级官员申思佺和潘阜等人来到对马。结果事情并没有办成，只抓了两个岛民便返回了。

不过，抓了俘虏回来，似乎使忽必烈大为高兴。忽必烈在慰劳使者时使用了"忠节可嘉"的字句。并且，忽必烈在当年又以送还这两位对马岛民为名，第四次派遣了招谕使。招谕使又来到对马，出示蒙古中书省的牒文。

牒文的内容虽不清楚，但大概与此前的《蒙古国牒状》的主要内容相同。大宰府收到牒文后，立即送到镰仓幕府，幕府又转送朝廷。朝廷经过商讨，还是加以拒绝，不过这次决定寄出拒绝的回信。这封文稿由菅原长成起草，载于《本朝文集》，文中写道："……蒙古之号，于今未闻。""抑贵国曾无人物之通，本朝何有好恶之便？不顾由绪，欲用凶器。"但幕府甚至不愿发出这封拒绝的回信。这表明幕府在拒绝蒙古的态度上，比朝廷还要强硬，同时也以事实证明，对蒙古外交的领导权实际上掌握在幕府手中。

普遍认为，忽必烈开始认真考虑远征日本，是在第四次派遣招谕使失败之后。此时元朝同宋朝的战争开始有些眉目，这也许是忽必烈下定决心的原因之一。至元七年（1270年）闰十一月，忽必烈在高丽设立屯田经略司，"将经略于彼（日本），敕有司发卒屯田，为进取之计"，第一次明确地提出进攻日本的意图。

但同时为了慎重起见（大概是这样），忽必烈再一次试图招谕日本。这次选择了自告奋勇的高龄将领赵良弼，作为使者承担这项困难任务。赵良弼的决心似乎相当大，他于文永八年（1271 年）九月到日本，坚持要去都城直接向天皇呈交国书，强硬地同大宰府的官员反复进行交涉，甚至说："不见汝国王，宁持我首去。"赵良弼虽然最终也未能见到天皇，并一度返回高丽，但他日后又再次来到日本，并在大宰府逗留了一年多，看样子是想继续交涉。不过最终还是没有任何效果。至元十年（1273 年）五月，赵良弼再次空手返回燕京。赵良弼从抱着"虽死绝域无憾矣"的决心出发以来，已经过去了两年半的岁月。忽必烈慰劳这位老臣："卿可谓不辱君命矣。"

第二年，即文永十一年（元朝至元十一年，1274 年）十月，包括高丽军在内的元军入侵对马、壹歧，进而涌向博多湾。据说有兵士 2.8 万人、水手 1.5 万人、战船 900 艘。这就是所谓的"文永之役"。

追溯上述交涉的经过，可知日本的态度从一开始就极其强硬。《蒙古国牒状》的结尾处记载："以至用兵，夫孰所好。"言外之意是，万不得已时可能用兵，暗含威胁之意。但其主要内容基本上还是要求进行和平友好的往来。

高丽国王调解："今皇帝（忽必烈）之欲通好贵国者，非利其贡献，但欲以无外之名高于天下耳。"这句话虽然说得有点强词夺理，但并非从一开始就考虑武力侵略这点，恐怕是极为明白的。尽管如此，日本却从一开始就决绝地采取针锋相对的态度，无情地拒绝友好往来的提议，甚至拒绝寄出回绝信，并在充分了解到拒绝友好往来的做法会增大战争危险的前提下，依旧对六次招谕不予理睬。

令人吃惊的是，幕府在接到第一次牒文之后（1268 年 2

月），便立即命令西国^①方面赶紧加强武备。也就是说，日本从一开始就拿出了准备战斗的姿态。换句话说，日本始终采取宁可拼命一战、也不与蒙古交往的极其坚决的拒绝态度。这是为什么呢？

这恐怕还是蒙古是"夷狄"的缘故。^[3]而且这个夷狄之国与同日本具有亲近感的汉族正统王朝南宋正处于战争状态，并在不断蚕食南宋。蒙古的野蛮及其狰狞面目大概已通过南宋商人和禅宗僧侣之口，抑或者通过日本入宋僧的见闻，详尽地传到日本。从"蒙古之号，于今未闻"以及"不顾由绪，欲用凶器"这些表达方式，也可以体察到日本对蒙古的蔑视和敌意。

元军在十二月二十日登陆日本，激战了一整天。元军的集团作战方法和在铁丸中包裹着火药的新武器"铁炮"，让日军将士吃尽了苦头，但元军方面的损失也很大。到了傍晚，元军决

内容为元军的士兵（引自《蒙古袭来绘词》，宫内厅所藏）

---

① 主要是九州地区。

定暂时撤回兵船。据说这天半夜突然刮起强风，下起暴雨，因此"战舰多触岩壁，大败"（《东国通鉴》），13500 余人丧生。总之元军是一次惨败。

然而，忽必烈并不承认这是失败。不仅如此，他似乎相信这一战是对日本的强烈示威。建治元年（1275 年），忽必烈又派了礼部侍郎（文部次官）杜世忠等人作为招谕使。但执权北条时宗不由分说就将他们在镰仓的龙口斩首，明确地向国内外显示出最强硬的对抗态度。

公元 1276 年，南宋事实上已灭亡。[4] 至元十六年（1297 年），已有可能使用南宋兵力的元朝再一次派来使者（也被斩首了）。此后，元朝在日本弘安四年（1281 年），率蒙古、高丽等联合的东路军 4 万人、南宋兵士组成的江南军 10 万人，合计 14 万人，以及战船 4400 艘，这一庞大的远征军向日本发动进攻。这就是弘安之役。

元军在进攻日本的途中虽然发生了一些分歧，但最终东路军和江南军于七月上旬在平户一带会师。当元军正在窥视日方森严的防备时，又遭到暴风的袭击，船只沉没了大半，残存下来的兵船和人员大多也在日军的扫荡战中被杀。据说 14 万大军，生还者仅为 3 万余人。

这次的失败对忽必烈来说一定是沉重的打击。但忽必烈还不死心。非但不死心，他还企图马上派遣招谕使，并着手进行第三次远征军的准备。上述计划虽然由于中国江南地区的叛乱而未能实现，但忽必烈在平定叛乱后仍多次打算再次远征日本，并进行咨询或着手具体的准备，只是最终都没有实现。至元三十一年（1294 年），世祖忽必烈病殁，享年 80 岁。随着世祖的死去，元朝远征日本的计划也终于宣告结束。

　　继承世祖皇位的成宗（铁穆耳）虽没有继承世祖远征日本的遗志，但世祖招谕日本的遗志似乎还是想继承的。大德三年（1299 年），成宗曾以补陀山（今普陀山）禅僧一山为招谕使，派往日本。宁一山所带的国书上写道：

> 　　有司陈奏，向者世祖皇帝，尝遣补陀僧如智及王积翁等，两奉玺书通好日本。咸以中途有阻而还。爰自朕临御以来，绥怀诸国，薄海内外，靡有遐遗。日本之好，宜复通问。今如智已老，补陀僧一山，道行素高，可令往谕。附商舶以行，庶可必达。朕特从其请，盖欲成先帝遗意也。至于惇好息民之事，王其审图之。

　　这次要求友好交往的呼吁去掉了《蒙古国牒状》中刺耳的字眼，但最终也没有得到日本的响应。这是日本同元朝之间未能实现的最后一次邦交。

和平的交流

　　根据《元史·日本传》"至元十四年"条记载：

> 日本遣商人持金来易铜钱，许之。

　　饶有意思的是，这段记载反映了当时日本的贸易商们最希望输入的物品是铜钱，而元朝对日本寄予最大期待的则是黄金。这些暂且不论，进行上述交易的至元十四年，正处于文永、弘安两次战役之间，是两国之间形势最不稳定的时期。

此外，几乎在同一时期，还可散见元朝诏令沿海官吏，准许同日本商船贸易的记载，所以即使在日本同元朝之间进行着你死我活的战争前后，民间交流虽很微弱，但仍进行着。

猛地一看，觉得有些奇怪。事实上它表明了：世祖忽必烈在策略上做的现实考虑当然不能无视，但更应该考虑的是，日本商人们自平安末期以来被点燃的积极、主动的交易欲望，开始以当权者的意志都难以抑制的势头大量涌现。虽说如此，在文永、弘安之役前后，民间交易一度衰微，出现香药等物品奇缺的现象（《弘安四年异国御祈祷记》），被抑制的欲望很快便喷发出来，这也是其中的原因之一。

战乱大体平息，寻求民间交易的日本商船便陆续渡海前往正与幕府严峻对抗的敌国。特别是进入十四世纪以后，呈现出比唐朝和宋朝更为活跃的盛况。在这一潮流的推动下，镰仓时代末期，幕府也开始派遣所谓建长寺胜长寿院造营料唐船和住吉造营料唐船等官许贸易船入元。

繁荣的商船往来也促进了文化的交流。由于日本的禅宗日益兴盛，入元游历江南禅刹的禅僧有超过前代的趋势，仅史籍上留名的就超过220人。而且其中大半都集中在十四世纪前半叶的五六十年间，出现了可以称之为热潮的现象，去往同一个寺院参禅的日本僧侣最多达32人。[5]

只不过人数一旦过多，往往未必所有的留学僧都是卓越的人才，修习禅道的热情也不如前代入宋僧那般狂热。虽然民族不同，却也有不少日本留学僧沉浸在悠然欣赏充满汉族传统文化的江南古刹的风雅之中。这一倾向倒是促进了诗文及书画的发展，扩大了文化方面的交流。

因此可以说，到元末，中日之间的民间交流不论在经济上还是文化上，都进一步扩大了。如前所述，普遍认为这一发展是时代的趋势。不过，不管是在国家之间的敌对关系，还是在民间交易的状态上都投下了微妙的阴影。[6]例如，元朝掌管贸易的市舶司的官吏们就对日本人怀有敌意和疑虑。因为正像日本幕府警惕着元军会再度来袭一样，元朝政府也担心日本会反攻。因而唯独日本商人受到歧视，被征收不合理的关税。这种事情一再出现，自然会带来感情上的对立，总有一天会爆发。

据说德治二年（1307 年），日本商人与元朝官吏发生了冲突，最后日本商人冲进城内，焚烧民舍，恣意掠夺。[7]另外，据说武宗至大二年（1309 年），日本商人侵入明州城内，用自己带来的硫黄焚毁了官署。

这就是所谓倭寇的前奏。

注 释

[1] 参见《岛津家文书之一》第 298 号。

[2] 永延元年（987 年），日本政府在十五大寺祈求钱币的流通（《日本纪略》"永延元年十一月"条）。

[3] 第八章还将涉及，《明史·日本传》记载了怀良亲王如下一段话："吾国虽处扶桑东，未尝不慕中国。惟蒙古与我等夷，乃欲臣妾我……"

[4] 南宋形式上的灭亡是元朝至元十六年（1279 年）。

[5] 参见《竺仙梵仙语录》。

[6] 不仅在交易方面，即便在入元僧中，时常也有人被误认为是间谍而遭到逮捕、拘禁（《真源大照禅师龙山和尚行状》）。

[7] 参见《明州系年录》。

参考文献

山田安栄:《伏敵篇》(1891)。

三浦周行:《元寇に関する新研究》(《史学雑誌》21—1)(1910)。

栢原昌三:《日元貿易の研究》(《史学雑誌》25—3)(1914)。

青山公亮:《日元間の高麗》(《史学雑誌》32—8、9)(1921),《弘
　　安の役と高麗》(《史学雑誌》36—10)(1925)。

中村栄孝:《文永弘安両役間に於ける日元麗の関係》(《史学雑誌》
　　37—6、7、8)(1926)。

池内宏:《元寇の新研究》(1931)。

竹内栄喜:《元寇の研究》(1931)。

浅海正三:《元寇時に於ける禅僧の精神的指導》(《歴史教育》
　　10—7)(1935)。

森克己:《日宋貿易の研究》(1948)。

和田清、石原道博:《旧唐書倭国日本伝、宋史日本伝、元史日本
　　伝》(1956)。

石原道博:《元寇をめぐる諸問題——特に中国側からみて》(《社
　　会科研究》1—4)(1956)。

相田二郎:《蒙古襲来の研究》(1958)。

竜粛:《蒙古襲来》(1959)。

旗田巍:《元寇》(1965)。

川添昭二:《蒙古襲来研究史論》(1977)。

山口修:《蒙古襲来》(1979)。

第八章　倭寇与勘合船

——中日联合的冒险

倭寇的开端

挥舞着八幡大菩萨的旗子，赤体（裸身）跣足（赤脚），髡首（剃头，即所谓月代头），鸟音（夷狄的语言像鸟叫一样），提着锋利的长刀乱砍乱杀，这就是被人们称为倭寇的日本海盗集团长期植根于大陆和朝鲜半岛上的人们心中的可怖形象，也可见他们对日本人的恐惧。倭寇的前奏如前章所述，在蒙古人来袭不久后便出现了。不过，也可以认为那只不过是日本商人遭到唯恐日本报复的元朝官吏们的歧视而突然爆发出来的愤怒而已。与大陆比起来，真正带有掠夺百姓行为的倭寇，在朝鲜半岛上出现得更早一些。

日本人在朝鲜半岛上的侵略掠夺行为，最早见于《高丽史》"高宗十年五月"条记载的"倭寇金州"。以后也多次出现倭寇掠夺以金州为中心的庆尚道沿海州县的记载。但次数也不算太多，且规模都很小。朝鲜半岛上出现真正的倭寇是在十四世纪的中叶。《高丽史》"忠定王二年"条记载："倭寇之侵，始此。"

事实上自此以后，史料上连年皆有倭寇的记载，而且一年之中就多达四五次。关于倭寇船只的规模，以忠定王二年（1350 年）五月的 66 艘为开端，忠定王二年六月为 20 艘，忠定王三年为 130 艘，恭愍王元年为 50 艘，恭愍王十二年为 213 艘，恭愍王十三年为 200 多艘，恭愍王二十三年为 350 艘，规模相当大，且呈现逐渐增加的趋势。

倭寇对高丽王朝的侵略掠夺行为，到高丽王朝末期的恭愍王辛禑年间（1375—1388 年）达到了高潮。而且对朝鲜半岛的这种侵略掠夺行为，不久就蔓延到中国大陆的沿海地带。

《元史·顺帝纪》"至正二十三年八月"条记载：

> 倭人寇蓬州，守将刘暹击败之。自十八年以来，倭人连寇濒海郡县，至是海隅遂安。

这里的蓬州，并不是广东的蓬州，大概是山东的地名。[1] 一般认为，在高丽忠定王时代不断侵犯朝鲜半岛的倭寇，并不只限于在朝鲜半岛的沿海地带活动，还波及华北沿海的郡县。元末的倭寇到明初仍然存在，并进一步扩大。

关于明朝倭寇的详细情况，后节再做考察。我想在这里先引用明朝的创始人洪武帝亲口对倭寇发出的嗟怨之声：

> 国王无道民为贼，
> 扰害生灵神鬼怨。
> 观天坐井亦何之，
> 断发斑衣以为便。
> ……

君臣跣足语蛙鸣，

肆志跳梁干天宪。

今知一挥掌握中，

异日倭奴必此变。

从元到明

大量的军费和狂热的喇嘛教信仰使得元朝的开支不断增加。元朝为了弥补因开支增加而导致的财政窘迫，采取了重税政策，进而滥发纸币"交钞"。元朝实行这种财政政策只不过是权宜之计，它最终引发了恶性的物价暴涨，百姓因重税和通货膨胀而极度贫困，其结果就是广大人民群众的起义。

顺帝至正十一年（1351 年），白莲教教主韩山童聚集并组织怀有强烈反蒙情绪的百姓，企图发动起义。虽然韩山童本人在起义之前被官宪捕获，并被立即处决，但其门徒刘福通等人却继承其遗志，举起了叛旗。这便是白莲教之乱。加之由于起义者以红布头巾作为同伴的标志，因此他们也被称为"红巾军"。在红巾军中，有一个丐僧出身的奇男子脱颖而出，他便是朱元璋。

朱元璋合并各地的叛军，控制江南地区后，断然实行北伐，迫近元朝的都城大都。处于垂死状态的元军此时已无法有效防御朱元璋的进攻。公元 1368 年，顺帝不得不半夜打开城门，远逃到北方。至此，元朝对中国长达一个世纪的统治宣告结束了。

这样，时代便过渡到朱元璋（太祖、洪武帝）所创立的明朝。这一变化立即波及朝鲜半岛，那里也发生了王朝交替。也就是说，被元朝压迫的同时又靠着与元朝保持密切关系来保全命脉的高丽王朝发生强烈的动摇，内部出现对立。此时，李成桂将军通过发动政变，掌握了解决混乱的主导权。李成桂首先表明同新兴的明朝建立联系的意愿，不久后自己登上了王位，于公元 1392 年建立了李氏朝鲜王朝。

此时，日本的镰仓幕府由于倭寇之后御家人①的贫困等原因，根基日渐衰弱，最后终于崩溃（1330 年）。经过短暂的建武中兴②，日本进入南北朝对立时期。等到足利义满当权，持续对立了半个世纪的南朝与北朝合为一体，日本全国基本上臣服于室町足利幕府的统治之下。足利义满就任将军职务是公元 1368 年，即明朝建立之年；南北朝完成统一是公元 1392 年，即李氏朝鲜王朝建立之年。

明日交涉

创立明朝的太祖朱元璋，于当年立即向日本、安南、占城、高丽四国派遣了使者，其目的在于"报谕四夷君长，元朝已亡，明朝已立"。但当时日本还处于南北朝对立时期，九州是南朝怀良亲王（后醍醐天皇的皇子）的势力范围，所以明朝的使者来到了这里。

然而，亲王尚不知道中国已发生了巨大变化，强大的元朝已被驱逐，且并未听说过明朝的名字（而且在报谕书中带有"尔四夷君长酋帅等……"等高傲词句，可能也激怒了亲王），

---

① 与将军保持主从关系的武士。
② 1333—1336 年，后醍醐天皇建立天皇亲政的新政权，将镰仓时代的公武二元政治变为公家一元政治。

因而亲王根本不予理睬，把使者遣返了。

可是，因有倭寇问题，明朝不能把日本的事情置之不理，所以太祖很快又在第二年派来了杨载等七位使者。但亲王不但不予响应，还杀了使者中的五人，拘禁了杨载等二人，三个月后才予以释放。从后述亲王谈起明使的话来推测，在亲王的脑海里似乎还铭刻着蒙古人来袭的印象。

但太祖并不死心。大概是由于倭寇的侵犯愈来愈严重，洪武三年（1370年），太祖第三次派遣使者（赵秩）出访怀良亲王。这件事在《明史·日本传》上有详细记载。亲王向赵秩谈到了对蒙古来袭的怨恨：

> 吾国虽处扶桑之东，未尝不慕中国。惟蒙古与我等夷，乃欲臣妾我。我先王不服，乃使其臣赵姓者（大概是指赵良弼）诳我以好语，语未既，水军十万列海岸矣。

亲王接着说：

> 今新天子帝中夏，天使亦赵姓，岂蒙古裔耶？亦将诳我以好语而袭我也。

亲王显然对明朝投以怀疑的目光。据《明史》记载，亲王本欲杀赵秩，但感佩他泰然自若的态度，而对他颇加礼遇。也许是出于这个原因，据说赵秩回大陆时，亲王派僧祖随行，并命令送还倭寇掳来的70余名中国人。也就是说，明朝派遣的使节在第三次时才终于踏上正轨。

洪武五年（1372 年），明使第四次来到日本。这一年相当于日本北朝的应安五年、南朝的文中元年。明朝选派的使者是仲猷祖阐和无逸克勤两位僧侣，这可能是受到了怀良亲王派遣的答礼使者是僧侣的启发。仲猷祖阐和无逸克勤于当年五月二十日从明州出发，五天后到达五岛列岛，再经过五天抵达博多，并在该地逗留了约一年。至于为什么要逗留一年，原因还不清楚。

不过，他们总算在这期间了解了日本的情况（南北朝对立的情况等）。祖阐等人委托天台座主向北朝斡旋，于洪武六年（1373 年）六月前往京都，会见了将军足利义满，并在京都住了两个月。祖阐在回中国的途中路过怀良亲王的九州，当时或许是由于私通敌对的北朝而受到仇视，不幸遭到长期拘禁，据说在洪武七年五月才回到南京。《明史·日本传》记载的"王则傲慢无礼，拘之二年，以七年五月还京"，指的就是这件事情。

查阅《邻交征书》和周凤的《善邻国宝记》，上面载有无逸克勤委托天台座主与北朝斡旋的信。信中说：

> 皇帝凡三命使于日本，关西亲王〔怀良亲王〕皆自纳之……

信中谈到他们这次受派遣时，太祖特别跟他们强调：

> 朕三遣使于日本者，意在见其持明天皇〔当时北朝的天皇〕，今关西〔亲王〕之来，非朕本意。

综合这些情况，一般认为第四次遣使所暗藏的主要目的（《明史》记载其次要目的是给怀良亲王送明朝的大统历），实际上正如无逸克勤在书信上所记载的，是与京都的北朝通交。但很难说这是唯一的目的。事实上，明朝方面尚未准确地了解当时日本南北朝对立的情况，所以无逸克勤的书信（正如佐久间重男所说[2]）也许是"祖阐、克勤等在九州逗留期间经过思考而编造的"。

在《明史》和《明太祖实录》中，仍把怀良亲王称为日本的"王"，虽然明朝对怀良亲王拘留祖阐等人的行为感到恼火，但把怀良亲王当作日本正式君主的态度（直到十五世纪初开始同足利义满正式交涉为止）一直未变。

据《明史·日本传》记载：

> 是年（洪武七年）七月，其大臣（义满）遣僧宣闻溪等赍书上中书省，贡马及方物，而无表。帝命却之……

另据"洪武十三年"条记载：

> 复贡，无表，当持其征夷将军源义满奉丞相书，书辞又倨，乃却其贡……

由此可以看出，足利义满可能是试图与明朝交流，以回应应安六年（洪武六年）明使访问京都。但明朝对他的两次遣使都冷淡地予以拒绝。其原因也可能是由于书信的言辞倨傲，但更为决定性的原因在于足利义满的使者没有携带明朝所承认的国王（即怀良亲王）的"表"（表文）。值得注意的是，中国外交上带有传统性质的形式主义就是如此，而这种形式又是建立在一贯承认怀良亲王的基础之上。

明太祖与怀良亲王的交涉是明日交涉的序曲，其经过可谓反复曲折。怀良亲王最初对明使完全不予理睬，其后的一段时期因同第三次来日明使赵秩意气相投，才终于了解了大陆所发生的事情，进而向明派遣了答礼使者祖来。这一时期被看作是蜜月时期（顺便一提，《明史·日本传》记载祖来受怀良亲王之命"奉表称臣"，但很多人从亲王对明朝一贯的强硬态度来考虑，认为这样的记载有些可疑。但恐怕应当说这种怀疑才是用推测来曲解史料。正因为它是事实，太祖才把怀良亲王看作"日本的正君"，命令祖阐等人赴日的同时顺便送祖来回日本，并把明朝正朔的大统历赐给怀良亲王）。

然而，这个蜜月期只持续了一两年。一般认为在祖阐等诣北朝的洪武六年以后，亲王对明朝的态度便马上冷却了下来。《明史·日本传》的记载说明了上述问题。即洪武九年，亲王以僧圭廷用为使者，为被责问的倭寇事件谢罪，但其表文言辞不诚。不过，直到洪武十四年以后，亲王与明朝之间的关系才出现了激烈的根本性破裂。

洪武十四年（1381年），亲王接到明朝带有武力威胁性质的叱责诏谕，接着亲王回了一封威武不屈、义正辞严的信：

> 顺之未必其生，逆之未必其死……臣何惧哉。

不过导致双方关系断绝的，实际上还不是这件事。据《明史》记载，在此事稍前，明朝的开国功臣胡惟庸想要借用日本的力量策划谋反。胡惟庸与宁波的指挥官林贤合谋，故意上奏说林贤有罪，把林贤流放到日本，结交日本君臣，然后胡惟庸再上奏让林贤复职回到本国来。

日本的王（怀良亲王）答应了胡惟庸的请求，命令僧如瑶以入贡为名去往大陆，其实是率领士卒 400 人渡海，暗藏火药和刀剑。但由于僧如瑶等人到达明朝时，胡惟庸的阴谋已经败露，同党全部被诛杀，因此该行动未能成形，便以失败告终。

数年之后，太祖知悉日本也参与了胡惟庸的谋反，大为震怒。据《明实录》记载，僧如瑶入贡是在洪武十四年七月。这次入贡不但被明朝拒绝，甚至导致明朝向日本发出责问的诏书。前面所举的"……臣何惧哉"这一来自亲王的勇气十足的回信，实际上就是日本方面对此的回答。

所谓的胡惟庸事件，具有捏造的嫌疑。上面的故事也编造得有点过于离奇。虽不清楚到底有多少真实成分，但当时明日之间的关系确实颇为紧张。怀良亲王发言之义正辞严并不仅仅表现在遣词用句方面（尽管也有破绽百出之感），也许可以说，它还包含着明朝万一挑起事端，日本就准备对抗的决心。

总之，以这起事件为起因，明太祖中断了与日本的官方交涉，明日关系暂时受挫。但不久后双方都更换了主角，于是又以新的姿态重新开始接触。

勘合船

在这段空白时期，伟大的、孤独的独裁者太祖朱元璋于公元 1398 年病逝。根据太祖遗诏，孙子惠帝继位。但不久后，惠帝的叔父、太祖的第四子燕王朱棣起兵，打败惠帝，继承了皇位。这便是有明君之称的第三代皇帝成祖（永乐帝）。

另一方面，日本在此期间完成了南北朝的统一（1392年），足利义满作为日本唯一的统治者，成功地建立起名副其实的统治体制。明日交涉正是由明成祖和足利义满二人推上了正轨。

当时博多有一名叫肥富的商人，人称"明朝通"。肥富热心地向足利义满劝说明日贸易将带来巨大利益。正为开支浩大、财源枯竭而苦恼的足利义满采纳了肥富的建议，决定与明朝交涉。如前所述，足利义满自应安七年（洪武七年，1374年）就已经怀有与明朝交涉的意图。此时完成南北统一，发动应永之乱的大内义弘败死（1399年），日本全国基本上实现了稳定，可以想见足利义满此时再次考虑与明朝交涉，大概是早已做好了充分的酝酿。恐怕肥富的建议不过是使这一考虑付诸行动的契机。

如此这般，终于在应永八年（明惠帝建文三年，1401年），日本以商人肥富和亲信僧人祖阿为使者，携带国书和金千两、马十匹等贡品，恢复与明朝的关系。虽说这是绝妙的安排，但从足利义满的角度来看，可能只是打算做一次试探。然而，这次试探却出乎意料地（我想是这样的）引来了明朝方面迅速而正式的反应。

明朝的新皇帝惠帝，于建文四年（1402年），派禅僧天伦道彝、一庵一如送祖阿回日本，并带了国书，称足利义满为"日本国王"，写着"班示大统历，俾奉正朔"。从明朝的角度来看，既然建立了邦交，认定足利义满为日本正君的国王，便理所当然地把日本置于自己的册封体制之中。而足利义满轻易地全部接受的态度，后世多将之与国体论①联系在一起进行讨论。

惠帝派遣的明使天伦和一如二僧在京都逗留了约半年时间，于应永十年踏上了回中国的路途。足利义满起用天龙寺的资深僧人坚中圭密作为遣明使的正使，令其同天伦等一起去中国。据说明使逗留日本期间，日本已得到明朝发生政变的消息，为慎重起见，特意准备了两封国书。

遣明使一行渡海后，成祖（永乐帝）果然已经即位，于是便呈上了为成祖准备的国书。由于这封国书也是以"日本国王臣源表"开头（由著名的文章家禅僧绝海中津起草），因而遭到了保守的公卿和后世的国体论者的严厉谴责。

明成祖接到足利义满的国书大喜，于应永十一年（明永乐二年，1404 年）派赵居任等人为使者，远赴日本，带来了褒奖"日本国王源道义"（足利义满的别名）的国书，并赐予印章。据说这个印章是龟钮金印，刻有"日本国王之印"，光彩夺目，一个人根本拿不动。总之，日本至此正式（隔了很长时间后）被纳入中国的册封体制之中。明日之间缔结了通商条约，这就是被称为《永乐条约》的勘合贸易条约。

所谓勘合船，指按照勘合贸易条约所规定的、政府官许的进贡船，事实上就是贸易船。更具体地说，是一种配有起证明作用的符票勘合符的官许贸易船。勘合符由明朝中央的礼部发行，规定每代皇帝可发行 100 道。该符有日字号勘合 100 道和本字号勘合 100 道，还制作了日字号底簿两扇和本字号底簿两扇。其中明

---

① 国体论宣扬日本是神的国家，天皇的统治万世一系，日本的"国体"无比优越，是一种民族主义的体现。

本
字
壹
号

朝方面保有日字号勘合 100 道和日字号底簿一扇、本字号底簿两扇（但其中一扇不是放在中央而是放在地方上的浙江布政司）。日本方面则持有剩下的本字号勘合 100 道和日字号底簿一扇。

勘合符是一种长约 80 厘米、宽约 35 厘米的纸片（如左图），用朱墨印着"本字壹号"或"本字 × 号"的一半。其制作方法应该是把"本字 × 号"分成两半，制作两张半印，在上述大小的纸上盖上左印即为勘合符，另制两张盖着右印的即为两扇底簿。

勘合船从日本航向大陆时，日本交易船需拿着本字号勘合符，从第一道开始，按顺序渡海。基本程序是：同明朝方面所持有的底簿对合，如果相合则准许进行贸易，用过的勘合符没收（明朝方面的交易船来日本时，原则上是拿着日字号的勘合符渡海，与日本所保管的日字号底簿对合，但实际上并没有这么做）。另外，在明朝更换皇帝时，日本要退还 100 道勘合符中未使用的部分，接受明朝新发行的勘合符。具体来说，整个明朝共发行了永乐、宣德、景泰、成化、弘治、正德 6 款勘合符。

为什么要制定勘合符制度呢？关于这个问题，多数解释认为，是为了把随时有可能变为海盗的民间贸易船和官方贸易船区分开来，只准许同官方贸易船进行交易。但勘合符并非只针对日本而设置的特别制度，从洪武十六年（1383 年）发给暹罗朝贡船的罗字勘合开始，实际上这种符曾颁发给59 个国家。

如果把这个问题进一步扩展来看，勘合制度在中国国内也广

泛实行，是一种在约束官吏赴任、物资收发和军队调动等领域
的信用制度，或者说只不过是这种信用制度的一环。但无法否
认的是，明日贸易因受倭寇的侵害严重，这种信用制度也就特
别受到重视。

　　勘合船一般是以六七艘（后半期多为三艘一组）组成船队，
从兵库（现在的神户）出航，经濑户内海，路过博多，再经由
五岛列岛，直航宁波（到后半期，出现经由土佐冲，从九州南
端横渡中国东海的船只，这就是所谓的南海路，见后述）。去路
和归路当然都要利用季风。

　　勘合船所装载的货物，除了硫黄和铜等矿产资源，还有刀
剑和扇子等工艺品，以及像苏木等从南海进口的中转贸易品。
回程所带的东西是生丝、丝绸织物、布、陶器、瓷器、书籍、
字画等。不过引进数量最多且最重要的仍是铜钱。

　　关于从中国引进铜钱的重要性，已在第七章详述。而到了
这一时期，此趋势更为明显，可以说已经到了没有引进的铜钱
日本经济就很难顺利发展的地步。

　　足利义满决心与明朝交涉，直接原因大概就在于挽救窘迫
的幕府财政状况。追根究底，可以发现其深处反映的是当时日
本货币经济盛行的必然要求，具体表现为博多和堺的商人集团
难以抑制的欲望。对日本来说，为了使商人集团的欲望更为顺
利地满足，最好办法就是进入明朝的册封体制。所以足利义满
才不顾非难，以日本国王的身份接受了明朝的正朔。应当说他
和平清盛一样，都是非常现实且很果断的人。

　　勘合船在将近一个半世纪间前后共派遣了 17 次，为便于概
览，以一览表表示如下：

次数	将军	正使姓名	入明年代	船数
第一次	义满	明室梵亮	1404（应永十一年 永乐二年）	
第二次	义满	（源通贤）	1405（应永十二年 永乐三年）	
第三次	义满	坚中圭密	1406（应永十三年 永乐四年）	
第四次	义满	不明	1408（应永十五年 永乐六年）	38艘
第五次	义持	坚中圭密	1408（应永十五年 永乐六年）※①	
第六次	义持	坚中圭密	1410（应永十七年 永乐八年）	
第七次	义教	龙室道渊	1433（永亨五年 宣德八年）	5艘
第八次	义教	恕中中誓	1435（永亨七年 宣德十年）	6艘
第九次	义政	东洋允澎	1453（亨德二年 景泰四年）	9艘
第十次	义政	天与清启	1468（应仁二年 成化四年）	3艘
第十一次	义政	竺芳妙茂	1477（文明九年 成化十三年）	3艘
第十二次	义政	子璞周玮	1484（文明十六年 成化二十年）	3艘
第十三次	义植	尧夫寿蓂	1495（明应四年 弘治八年）	3艘
第十四次	义澄	了庵桂悟	1511（永正八年 正德六年）	3艘
第十五次	义晴	宗设谦道 鸾冈瑞佐	1523（大永三年 嘉靖二年）※②	3艘 1艘
第十六次	义晴	湖心硕鼎	1539（天文八年 嘉靖十八年）	3艘
第十七次	义晴	策彦周良	1547（天文十六年 嘉靖二十六年）	4艘

　　※① 在同一年里派遣两次，由于该年五月足利义满薨，为报丧而派遣了使者坚中圭密。

　　※② 大内氏的船队（正使宗设）和细川氏的船（瑞佐）分别派遣。

　　以上共计17次，一般将第一次至第六次称为前期，第七次至第十七次称为后期。这样区分是为了方便理解勘合贸易的变迁。前期大体发生在义满时代，后期由于义满之子义持的方针，出现了十多年的中断。[3]

　　如要列举前期和后期显著的不同之处，可指出以下两点：

　　（一）条约不同。前期所用的《永乐条约》，规定只许十年通贡一次，限200人，2艘船。义教废除义持断绝交往的方针，再次开展明日交流，缔结了《宣德条约》。《宣德条约》将规定改为十年一贡（这与《永乐条约》相同），限 300 人，3 艘船（但这一规定并没有被严格执行，特别是在前期，可以感受到明朝政府在对日贸易方面也无视十年一贡的规定，积极动员日本派遣遣明使）。

（二）勘合船经营上的不同。前期主要是足利幕府自身经营的，而到了后期，总数 46 艘船中，幕府经营的船仅有 7 艘，其余的除了一艘是内里船，主要是以细川氏、大内氏为中心的大名船，抑或寺社船。

从总的趋势来看，经济上的要求逐渐突显出来。可以肯定的是，本来遣明船是基于潜在的经济要求而提出来的，虽然其中包含着实际的利益，但在前期还冠有为了顺利进行彼此间的官方交流的名义。而到了后期，连这个表面上的名义也去掉了，把追求经济利益放到了台面。与此同时，在背后支持勘合贸易的商人的意志也逐渐暴露出来了。

由于准备勘合船的费用十分庞大，即使是幕府经营的勘合船，实际上在很多地方也得益于有实力的大名、寺院或神社的协助。一方面让他们捐献硫黄、铜等重要的输出物品，另一方面又让有实力的商人大量出资，作为客商或随船商人搭乘勘合船。这一倾向到了后期更加显著。

后期，特别是在以建造银阁寺而闻名的足利义政时代以后，两大颇有实力的守护大名大内氏和细川氏，为了独占勘合贸易而激烈地对抗，使勘合贸易大放异彩。由于在宁波发生的伤人事件（第十五次勘合船）中，与大内氏联合在一起的是九州，特别是博多的商人；与细川氏相勾结的是以堺为中心的畿内的商人，因而也可以说，大内和细川两氏的斗争同时也是博多商人和堺商人的对抗（前已述及，后期采取不经由濑户内海的南海路，事实上这是细川氏和堺商人为了对抗控制濑户内海的大内氏而采取的航路）。

大内氏和细川氏的对抗最终以大内氏的胜利而结束，因而第十六、十七次勘合船均被大内氏独占。可是不久后中国就进入了后期倭寇频发的时期，日本国内也开始进入动荡的战国时期，勘合贸易就降下了帷幕。

这里我想转换话题谈谈倭寇问题。但谈倭寇问题之前，我先就随遣明船渡海的入明僧的情况做若干考察。

入明僧

在明朝的三百年间，日本入明的僧侣很多，数量达百十余人。

如果为了方便起见，也把它们进行分期，可以以缔结勘合条约、遣明船制度化为标志，分为以前和以后两个时期。前期多为沿袭前代入元的求法僧、游历僧等，大多致力于修行禅宗，同时钻研诗文。其中绝海中津和汝霖良佐颇负盛名。他们入明时正值太祖朱元璋创立明朝之年。他们回日本是在永和四年（1378 年），停留明朝的时间长达十年。

后期都是使节僧，前面一览表所列的正使是其代表。其中 3 次作为正使入明的天龙寺僧人坚中圭密，以及 83 岁高龄拜受遣明使大命，并出色地完成了使命的东福寺僧人了庵桂悟尤为著名。由于这些使节僧们是根据勘合条约派遣的，因此只可从宁波直达北京，得不到去各地游历的机会，而且逗留时间一般是一两年，最多不过两三年。尽管如此，不少使节僧因接触到所憧憬的风物，进而触景生情赋诗作文或题字绘画，博得了极大的赞赏。最为人们所熟知的便是雪舟等杨。

应仁二年（明宪宗成化四年，1468 年），雪舟等杨作为从僧搭乘以天与清启为正使的遣明船渡海。他在中国也潜心于创作，受到了极大的赞赏，后在北京礼部院从事壁画创作，当时的皇帝宪宗称其作品为"稀世之珍"，赞誉有加。

倭　寇

倭寇与北方蒙古的侵犯，被看作是明朝的两大疾患，并称为"北虏南倭"。为便于理解，我也把倭寇分为前、后两个时期来考察。

前期从元末持续到明初，直到十五世纪二十年代为止（或者也可以把下限略为延长到十五世纪前半叶）。后期为明嘉靖年间，即十六世纪二十年代至明末。

前期和后期之间还有一段七八十年到一百年的空白期。这段空白期内也不是完全没有倭寇，只是倭寇的势力严重衰退，并伴有一些中断。

前期的特点包括：（一）可以将入侵大陆的倭寇理解为入侵朝鲜半岛倭寇的延续，因此可以推测，入侵朝鲜半岛的倭寇与入侵大陆的倭寇之间存在此消彼长、相互关联的关系；（二）构成倭寇的主体是日本西国方面的武士集团（例如贫困的御家人）和海盗集团等；（三）倭寇的目的在于绑架（不仅作为奴隶来奴役，还转卖给别人，有时还会以此从朝鲜方面拿到金钱和物品的回赠）和抢掠谷米等，从某种意义上说，还处于寇掠行为的初级阶段。

前期倭寇之所以到十五世纪一度有消亡趋势，可以列举出以下原因：（一）为了顺利进行明日交流，足利幕府应明朝的请求，在某种程度上对倭寇进行了整治；（二）大陆和朝鲜半岛的海岸防卫变得森严；（三）在辽东半岛的望海埚，倭寇船队遭到了来自明朝水军的毁灭性打击（1419 年）。同年，倭寇又在主要基地对马受到了来自朝鲜的大批远征军的反击（应永外寇）等。

倭寇史由此暂时进入空白时期。但到了十六世纪二十年代以后的嘉靖年间，又开始出现倭寇侵扰的记载。到了十六世纪五十年代，倭寇之患开始空前地全面爆发。这就是所谓的嘉靖大倭寇。

针对后期倭寇，有几点需要注意。第一点，虽然以倭寇之名来称呼，但不能认为这仅仅是日本人的寇掠行为。《明史·日本传》记载：

> 大抵真倭十之三，从倭者十之七。

郑晓的《明皇四夷考》记载：

> 大抵贼中皆我华人，倭奴直十之一二。

《世宗实录》"嘉靖三十四年"条所载屠仲律的《御倭五事疏》甚至断言："夷人十之一。"所有这些记载都表明，虽称为倭寇，实际上日本人只是一小部分，大半则是中国人，[4]这恐怕是后期倭寇完全不同于前期倭寇的主要特点。

再者，正如《国朝献征录·日本志》记载：

> 中国亡命者多跳海聚众为舶主，往来行贾闽浙之间。又以财物役属勇悍倭奴自卫。而闽浙间奸商猾民，睚见其利厚，私互市违禁器物，咸托官豪庇引，有司莫敢谁何。

这些贼徒的目的在于对抗明朝禁止自由贸易的海禁政策，力图开展私人贸易。因此，这同单纯热衷于掠夺的前期倭寇相比，性质已完全不同。我认为，目的变化是后期倭寇的第二个特点，因为后期倭寇的贼徒们已不是单纯的海盗，而是武装起来的中小型冒险商人集团。

这一点不仅适用于中国人，而且适用于倭寇中被称为真倭的日本人。郑舜功的《日本一鉴》记载：

> 名虽称商，实为寇盗。
> 阳则称商，阴则为寇。

可见"真倭"也是武装商人集团兼任海盗。倭寇同近世初期的欧洲冒险商人一样，可以说是中日联合的冒险集团。当然，就倭寇来说，在中小武装商人集团的周围还聚集着闽浙等地的贫困百姓，因而带有浓厚的叛乱的性质。

文禄、庆长之役

十六世纪中叶以后，日本进入了群雄割据的动乱时期，但不久后建立了织丰政权（织田信长和丰臣秀吉的政权），重新实现了日本的统一。丰臣秀吉实现统一之后，却在晚年轻率地策划出兵朝鲜，也就是所谓的文禄之役（1592 年）和庆长之役

（1597 年）。[①]

丰臣秀吉在战役中途病死。根据他的遗命，疲惫不堪的军队全部撤回日本。这场长达七年的朝鲜之役，不仅给丰臣氏的命运埋下了祸根，还在对手李氏朝鲜的人民及支援他们的明朝人民心中，植下了对日本深深的恐惧。

《明史·日本传》结尾记载：

> 闾巷小民，至指倭相詈骂，甚以嚇其小儿女云。

由此可见一斑。此外，还产生了这样一种见解，即称这场战役为"万历倭寇"，认为它是倭寇史上的最后一次侵略。

蔡尔康在其著作《中东古今和战端委考》中谈到蒙古人来袭说：

> 中东〔中日〕两国，第有和而已，无所谓战也。战祸之兴，肇于元代……然犹中国之伐日本也。

接着到明朝发生了倭寇之祸。但蔡尔康认为对于日本来说，是"叛乱之顽民，国家无与也"，替日本方面做了辩解。只是论述到文禄、庆长之役时，蔡尔康明确地称其为侵略之战，不得与倭寇等量齐观。石原道博对这些要点做了详述。[5]这大概是击中要害的解释。

倭寇（特别是著名的后期倭寇）的实际情况是，以中国的海盗商人为主体，日本基本上少有参与，但仍以倭寇之名称之。

---

① 中国称为"万历朝鲜之役"，朝鲜称为"壬辰倭乱"。

而对于倭所具有的侵略性的恐惧，由于"万历倭寇"的爆发，又在中朝两国人民心中得到了证实。这对日本来说确实是个问题。这罪责恐怕应由丰臣秀吉来承担。

元朝和明朝两个朝代，首先有蒙古人来袭，接着有倭寇和朝鲜之战。可以说，在长达两千年的中日交流史上，元明时代的两国多次关系紧张（尽管背后始终进行着文化和经济方面的交流）。

注　释

[1] 后藤秀穗：《以胶州湾为中心的山东的倭寇》（《史学杂志》25—12）（1914 年）。

[2] 佐久间重男：《围绕明初日中关系的两三个问题——以洪武帝的对外政策为中心》（《北海道大学人文科学论集》4）（1966 年）。

[3] 就日本派出的勘合船来说，第六次和第七次之间有 20 多年的空白期。但在此期间，明朝的使节曾三次来日，最后一次是在应永二十六年（1419 年）。由于足利义持拒绝此次勘合船，断绝了 10 多年。

[4] 据说在这些中国人中，有相当多的人也模仿髡发薙顶（剃发剃头）等倭人的习俗。

[5] 参见石原道博《倭寇》第五章《倭寇的成立》。

参考文献

池内宏：《明初に於ける日本と支那の交渉》（《歷史地理》6—5、6、7、8）（1904）。

後藤秀穗：《膠州湾を中心としたる山東の倭寇》（《史学雑誌》

25—12）（1914），《倭寇に就て》（《中央史壇》13—6、7、8、

9、11、12）（1927）。

藤田元春：《日支交通の研究——中近世篇》（1938）。

竹越与三郎：《倭寇記》（1938）。

秋山謙蔵：《日支交渉史研究》（1939）。

小葉田淳：《中世日支通交貿易史の研究》（1941）。

登丸福寿、茂木秀一郎《倭寇研究》（1942）。

佐久間重男：《明代の外国貿易——貢舶貿易の推移》（《和田博士

還暦記念東洋史論叢》）（1951），《明初の日中関係をめぐる

二三の問題——洪武帝の対外政策を中心として》（《北海道大

学人文科学論集》4）（1966）。

青山公亮：《日麗交渉史の研究》（《明治大学文学部研究報告》3）

（1955）。

牧田諦亮：《策彦入明記の研究》（上、下）（1955、1959）。

田中健夫：《倭寇と勘合貿易》（1961），《中世対外関係史》

（1975）《対外関係と文化交流》（1982）。

石原道博：《倭寇》（1964）。

宮田俊彦：《日明、琉明国交の開始》（上、中、下）（《日本歴史》

201—203）（1965）。

中村栄孝：《日鮮関係史の研究》（上、中、下）（1965—1969）。

鄭樑生：《明、日関係史の研究》（1985）。

奥崎裕司：《中世東アジア世界と倭寇》（《東アジア世界史探求》）

（1986）。

戴裔煊（相田洋訳）：《倭寇と中国》（《東アジア世界史探求》）

（1986）。

第九章　郑成功父子

——唇齿之谊

从明到清

神宗（万历帝）统治期间发生的文禄、庆长之役，不仅折损了兵力，而且在财政上迫使明朝付出了巨大的开支。但生性豪奢的神宗仍不改穷奢极欲的生活习惯，为填补这些开支，只得采取征税政策。又由于负责税收工作的宦官贪污受贿而使得税额加重，给生活在明末的百姓带来了极大的负担。其结果必然招致广大民众的反抗。

另外，明朝末期混乱的政治形式引发了集结在东林党中的知识分子的批判。对此，宦官魏忠贤采取严厉镇压的政策，却反而加速了明朝的衰败。这时新兴的满族不断地逼近明朝的北部边境。

满族是通古斯语系女真部落的一支，过着半狩猎半农耕的生活，至努尔哈赤出现，才统一了各个部族，建立"大金国"，史称"后金"（1616年）。这个称号当然包含了继承女真人的金朝的意思。

努尔哈赤（太祖）在萨尔浒山大破明朝的征讨军，控制了南满平原[①]，给明朝带来了巨大的威胁，而后死去。其子太宗更是征服漠南蒙古各部，定国号为"大清"（1636 年），摆出直接窥视明朝首都北京的态势。

此时明朝的命运已如风前残烛。好似与外患相呼应般，明朝内部又爆发了农民起义，其中"闯王"李自成的势力最为强大。明崇祯十七年（1644 年），李自成一口气攻破首都北面的要地居庸关，直捣北京。群臣狼狈逃窜，无人抵抗。崇祯帝仅带一名宦官，在万岁山的槐树上上吊自尽。至此，明朝事实上已经灭亡了。

与此同时，镇守山海关的吴三桂借讨伐李自成之名开关，清军不战而越过了长城，踏上了长期渴望的关内领土。1644 年，清军打败李自成军，迁都北京。而在清朝迁都北京前一年，太宗死去，六岁的世祖（顺治帝）即位。

清朝由此开始了它的统治。与此相对，明朝的遗臣们拥立神宗的孙子福王，试图进行抵抗。可是他们步调不齐，南京失守，福王被俘后，他们又接连拥立唐王、鲁王、桂王等，逐渐被逼退到边远地区。清顺治十八年（1661 年），流亡缅甸的桂王（永明王）政权覆灭之后，明朝在形式上也灭亡了。清世祖死后不久，迎来了以英明闻名的圣祖（康熙帝）。

此时的日本，以庆长五年（明万历二十八年，1600 年）的关原之战为转折点，统治权由丰臣氏转入德川氏手中。元和元年（万历四十三年，1615 年）的大阪夏之阵致使丰臣氏灭亡，确立了德川幕府对全国的统治。第二年，德川家康去世。经其子秀忠

---

① 即辽河平原一带。

至其孙家光执政时（1623—1651年），德川幕府全面实行锁国令，幕藩体制的基础日益牢固。明清交替时期正好是德川家光统治时代。

郑成功父子

近松门左卫门有一部颇受好评的剧作叫《国姓爷合战》，故事的梗概如下：

> 明朝被与鞑靼王①勾结的逆贼李蹈天（李自成）攻破。思宗（毅宗）皇帝被杀，皇帝的女儿好不容易逃到海上，漂流到日本肥前平户海滨，被和藤内救起。和藤内实际上是明人老一官②与日本一位女子所生的混血儿，他听说父亲的祖国情况危急，便与父母一起奔赴中国。途中和藤内打死了老虎，到访甘辉将军的狮子城。最初甘辉将军迟迟不肯表态，直至其妻及和藤内的异母妹妹锦祥女双双自杀，两人才终于宣誓共讨逆贼。而后两人和忠臣吴三桂协力打败了李蹈天，成功实现了复兴明朝的愿望。

明朝的成功复兴当然是对事实的歪曲。但主人公和藤内的原型郑成功是明人郑芝龙与日本女子（田川氏）所生的混血儿，以及他为保卫明朝孤垒而进行了一番艰苦奋斗的主要事实，都在《国姓爷合战》中有所反映。剧中所述的明朝复兴，大概是

---

① 清朝统治者。
② 人物原型为郑芝龙。

作者出于同情，即出于对有一半日本血统的郑成功的亲近，以及对其忠诚的共鸣，想在剧中实现郑成功未能实现的理想。另外，《国姓爷合战》这一剧名源自郑成功从唐王那里获赐皇室的朱姓，从此以后世人都称郑成功为"国姓爷"。

郑芝龙出生于福建泉州，据说他18岁来到日本平户。郑芝龙最初旅居日本，可能是从事中日之间的走私贸易，后来投身于海盗集团，成为在福建沿海一带活动的海盗首领。

郑成功是郑芝龙与肥前松浦藩足轻田川氏的女儿结婚后所生的儿子。郑成功幼名福松，中国名字是森，7岁时便渡海到中国。

郑成功的父亲郑芝龙后来归顺明朝，凭借自身的实力当上福建总兵，从海盗摇身一变成为剿灭海盗的军官。在明清交替时期，郑芝龙曾效忠于福王。福王被清军俘获后，郑芝龙又拥立唐王，与清朝抗争。但后来郑芝龙又倒戈效忠于清朝，与儿子郑成功对立。最后，郑芝龙被清朝以谋反的罪名处死。郑芝龙的一生确实充满了波折起伏。

另一方面，郑成功在父亲郑芝龙降清之后仍孤忠不屈，同远方的桂王保持联系，以福建厦门一带为根据地，辗转奋战。郑成功一度逆长江而上，进逼南京，几乎攻陷，但事业未成，陷入不得不从大陆撤退的困境，转而进攻台湾。这发生在清世祖顺治十八年（日本宽文元年，1661年）。

郑成功在占领台湾的第二年，年仅39岁便壮志未遂而死去，由其子郑经继承他的事业，继续与统治大陆的清朝政府对抗。但郑经也于1681年去世。郑经之子郑克塽继位后最终屈服于清朝。这是清圣祖康熙二十二年（1683年）的事情。

郑氏家族向日本乞师

如上所述，郑氏家族历经数代，坚持反抗清政府。在此期间，他们曾不断向日本派遣使者，请求援军和支援物资，并派遣船只同日本进行贸易。现就这些事例进行一些考察。

日本正保三年（清顺治三年，1646 年），郑芝龙派遣的正使黄征明从福州向日本出航，但途中遇到暴风，船只支离破碎，部分船只被刮回大陆，为清军捕获。由于黄征明本人也被阻海上，郑芝龙不得不重整小船，重新派遣陈必胜、黄征兰二人为使者赴日。普遍认为，陈必胜等人到达长崎是在九月初。[1]

使者带来了郑芝龙的 8 封书信〔致日本正京皇帝 2 封，致上将军 3 封，致长崎王（长崎奉行）3 封〕。据林春斋的《华夷变态》记载，郑芝龙给正京皇帝信件的内容如下（郑芝龙的原信未能流传，该内容是林春斋以其父林罗山列席幕府会议讨论时的回忆为基础撰写的）：

> ……附隆武皇帝（唐王）之敕旨，引周之彭濮、唐之回纥之事，意在求借劲兵也。前云借兵五千，今欲更多，以战胜敌兵。

此外还带来许多礼品，请求派遣强大的援军。

关于"……前云借兵五千……"这一点，我准备以后再谈。据说幕府收到这些书信后，以老中①为中心，反复讨论了数天，

---

① 德川幕府的最高官职。

当时的御三家①"尾张与纪伊的两位大纳言和水户的中纳言"也来到江户，陈述了意见。这封书信被视为极为重大的事件，得到了相当的重视。

根据林信笃的《宽永小说》[2]记载：

> 据云尾张大人云："三人中，吾年长，应派吾为主将。"

御三家不仅均赞成出兵，其中尾张藩大纳言甚至要求亲自出征。对此，井伊直孝认为御三家的意见有一定的道理，是可以信赖的，但又反驳道：

> 关于求援事，吾以为不会立任何功劳，亦无益之至。

结果大家认为井伊直孝言之有理，决定不派遣援兵。

不过，根据《南龙公谱略》记载：

> 赖宣卿云：国家出援兵，无功则不仅为本邦之耻，且长期与外国结仇，成为永世之害；如我兵有功，得其地亦若荒田，于国无益，反招后世之弊，不可从其请⋯⋯

由此看来，反对派遣援兵的不是井伊直孝，而是御三家中纪伊的德川赖宣。《宽永小说》与《南龙公谱略》虽略有出入，但不管怎样，大致情况都是一开始赞成意见颇多且有理有据，

---

① 与德川将军家最亲近的三大旁系，即纪伊家、水户家和尾张家。御三家拥有征夷大将军继承权，若将军无子嗣，继承人则从御三家中挑选。

不过最后大概是慎重论取胜，决定暂且观望静候。此处说"暂且"，是因为表面上幕府虽决定拒绝，但事实上正如石原道博等人所指出的那样，[3]内心始终没有完全放弃出兵的意图。

而后，幕府准备特派丰后府内城主日根野织部正等为正使去长崎。正当日根野织部正准备直接向郑芝龙的使者传达幕府的意见时，传来了唐王和郑芝龙等人的据点福州沦陷的消息。于是行动取消了。这一期间的情况，根据《细川家谱》记载：

> 此次大明兵乱，平户一官（郑芝龙）乞援事，书翰虽到，无法应之。书中疑问之点甚多，但为大明与日本之长远计，上意可派遣上使赴长崎，询问一官使者情况，然后传达上意。此时长崎（十月）四日书函到达，报告福州失陷。事已如此，一切无及矣。遵照上意，可将上述有关情况奉告江户有关方面，并转致阁下。诚惶诚恐，谨言如上。

这是阿部岛守等三位老中给细川肥后守的一封信。由此也可窥见，幕府虽然暂且做出不予支援的决定，但考虑到"大明与日本之长远计"，还是保留了相当含蓄的态度。同时可了解到，幕府是由于接到福州失守的报告，感到"一切无及矣"，才决定放弃一切计划。这样，"派遣上使"一事当然也取消了。

前已述及，此后郑芝龙投降了清军，但其子郑成功仍旧孤军奋战，支持明朝，并向日本派遣使者，要求援军（乞师）和物资（乞资）。

第一次是在郑芝龙的使者来日本后的第三年，即庆安元年（1648年）。《华夷变态》中收有郑成功求援信的日文译文。

> ……某生于日本，思慕日本之心尤深。今处艰难之际，
> 虽有忌惮，亦期望日本待余如叔侄、兄弟，恳请施予恩惠。

该求援信希望凭借血脉相连的唇齿交情，向日本"借数万人之
众于大明……"信中洋溢着衷情。幕府虽进行了讨论，但并未
回信，似乎是未予理睬。

第二次是在三年后的庆安四年（1651 年）。根据徐鼒的《小
腆纪年附考》记载：

> （辛卯十二月）明朱成功（郑成功）取漳浦，遣使通
> 好日本。

据该书后文记载，郑成功为了解决物资短缺，根据参谋冯澄世
的献策，向日本借贷，用以补充，后又将物资卖给吕宋（菲律
宾）、交趾（越南）、暹罗（泰国）等，以获取利润。

正如《小腆纪年附考》记载的"已获日本铅铜之助"，以及
中村久四郎等人的论述[4]，可以想象郑成功的军队已有日本刀
和日本式的甲胄等。由此看来，完全可以想象郑成功一直从日
本获取某种援助——即使没有幕府的正式援助，也以某种形式得
到了来自民间志士的声援。

第三次是万治元年（顺治十五年，1658 年）六月。郑成功
派遣的使船载员 147 人进入长崎，带来了各种物品和书信。书
信原文收入《华夷变态》，开头写着"启上日本国上将军麾下"，
但幕府"未及复书"，对此次遣使置之不理。

第四次是万治三年（1660 年）七月。郑成功命部下张光启
向日本借兵。根据《海上见闻录》记载：

命兵官张光启，往倭国借兵。

沈云的《台湾郑氏始末》上也有大体相同的记载。关于这次借兵的结果，沈云写道：

日本上将军不允发兵，助铜熕〔铜制大炮〕、鹿铳、倭刀为备。

大概乞师一事未有收获，但乞资一事取得了一些成果。

郑成功派遣的请援使有以上四次。最后一次乞师三年后，郑成功壮志未酬，死于南海之地，由郑经继承其遗志。

郑经也有一次乞资（也可以这么说），发生在宽文三年（清康熙二年，1663 年）。

事情的经过是这样的：郑成功的堂兄，即郑经的伯父郑泰本来就怀有异心，郑经察觉后，遂令其自尽。后从郑泰的遗物中得知他将与日本贸易所获的大量银钱寄存在长崎。因此，为了获得这笔银钱，郑经以"恢剿逆虏之资"之名，给长崎奉行送去了一封信。[5]

结果多半银钱已被投降清政府的郑泰的遗族及后人领走，郑经的意图未能实现①。但不管怎样，郑经的此番活动也可视为广义的对日乞资。

其他乞师

以上是郑氏家族向日本请求援军的经过，[6] 除此以外，明

---

① 有观点认为，这笔银钱多数最终是由郑经方面取得。——编者

朝遗臣还有数十次乞师，概要罗列如下：

第一次

正保二年（清顺治二年，1645 年）十二月。

侍奉唐王的都督崔芝，以林高为使者，遣往日本，请求幕府派兵三千（一般认为，郑芝龙所寄书信"……前云借兵五千……"就是指这次崔芝的派兵请求）。对于崔芝的这次借兵请求，幕府向长崎奉行传达道："……此次林高虽来申述，然而事起仓促，无意满足。可将此意告知，令林高早早回国。"

幕府表面上给出的答复是拒绝，但据说其实暗地里做了出兵的准备。当时京都所司代①板仓重宗曾向其侄儿板仓重矩透露了出兵计划，而且十分具体地记录下了计划的内容，决定派"主将一人，副将十人"，"每一万石征发一骑和步兵三至五人"。由此可以十分清楚地看出其中内幕。

第二次

同年冬。

海盗出身的水军都督周鹤芝，请求与其有旧交的萨摩藩主派遣援兵。据说萨摩藩约定以第二年四月为期，借兵 3 万（另外，有观点认为第一次向日本派遣求援使的崔芝和这位周鹤芝是异人异名，也有观点认为崔芝和周鹤芝可能是异名同人。我

---

① 幕府在京都的代表，主要负责江户幕府与京都朝廷之间的交涉。

赞同后一种说法，即石原道博的观点[7]）。

第三次

正保三年（顺治三年，1646年）三月。

据说周鹤芝按照前一年与萨摩藩的约定，正准备派遣参谋林龠舞实施计划的时候，遭到副将黄斌卿的反对，最终未能实现。

第四次

同年九月。

（上述郑芝龙的乞师）。

第五次

正保四年（顺治四年，1647年）二月。

遭到黄斌卿的反对后，周鹤芝虽一度放弃了向萨摩乞师的念头，但其后还是再次请求派援兵。然而，（这时福州已经失陷，唐王也被捕）萨摩藩与周鹤芝之间尽管有"父子之义"，无奈萨摩藩救援明朝的意志已经减退，因而不了了之。

第六次

同年三月。

向日本乞师最为热心的周鹤芝以义子林皋为使者，随同安昌王恭枭，于这一年再次向日本乞师。但据说因不得要领，无功而返。

第七次

同年六月。

安昌王曾作为第六次请援使来到日本，这次他同御史冯京第及黄斌卿的弟弟黄孝卿又来日本乞师。但黄孝卿沉溺于长崎的妓女，把乞师的计划置之脑后。由此可以看出，明朝遗臣方面也开始出现颓废的势头。

第八次

庆安元年（顺治五年，1648 年）。

（上述郑成功的乞师）。

第九次

庆安二年（顺治六年，1649 年）十月。

冯京第与黄宗羲[8]一同来日本乞师。据《海东逸史》记载，此次与第六次（《日本乞师记》）、第七次（《海东逸史》）一样，都记为"不得要领而还"，大概是日本未予受理，不了了之，便回去了。

第十次

同年冬。

汪光复的《明季续闻》仅记载了在舟山群岛鲁王处任职的

御史俞图南来到日本，详情不明。但可以想象，此举也是为了乞师。

第十一次

同年十一月。

在鲁王处任职的将军阮美来到日本乞师。但阮美的背后有奸僧挑拨，表明乞师计划正逐渐走向穷途末路。

第十二次

万治元年（顺治十五年，1658 年）六月。

（上述郑成功的乞师。对郑成功来说，是第二次乞师。如果把庆安四年的乞资也包括在内，则是第三次请援使）。

第十三次

同年。

郑氏家族郑泰请援。《外藩通书》在《郑经呈长崎奉行书》后面附有近藤守重的按语："郑泰于永历十二年（明永明王的年号，清顺治十五年）向日本请援。"但按语仅此一行，不知是否属实。

第十四次

万治二年（顺治十六年，1659 年）。

朱舜水乞师。朱舜水后来作为水户藩的宾客受到重视，最后客死日本。朱舜水多次来到日本，因此很难确定他的乞师计划发生在什么年代。现根据中村久四郎的说法[9]，推测朱舜水最后去日本的年代（即到日本后未回中国的年代）为乞师的年代，因而就以万治二年作为第十四次请援使来日的时间。

第十五次

万治三年（顺治十七年，1660 年）七月。

（上述郑成功命令部下张光启借兵）。

第十六次

贞享三年（康熙二十五年，1686 年）七月。

此时三藩之乱已平定（1681 年），占据台湾的郑氏家族也已投降（1683 年），清王朝的基础已十分稳固。但据记载，有一位名叫张斐的明人来到长崎，声称："闻水户侯（光圀）甚重道义，为得其助，以谋恢复（明朝）而来。"（《耆旧得闻》）到了这个时候仍然有人不放弃复兴明室的志向，确实令人吃惊。这是所知的最后一次乞师。

唇齿之谊

在明末的十多次请援中，日本多少给予响应的只有最初的三四次。但如果考虑到日本当时刚宣布锁国令不久，而幕府却能认真地讨论请援的问题，虽然是隐秘进行，却一直在做出兵的准备，就不得不说令人震惊。如果再观察到幕府的热情衰退之后，民间有识之士有形无形的援救还持续了相当长一段时间，就更让人震惊于日本人对中国王朝感情之深厚。

不得不说，这还是源自日本人对中国以及中国人的亲近感——从各种意义上对先进国家、对日本先人长期仰慕的汉族心怀唇齿之谊。当草原民族在中原建立王朝时，这种对汉族的唇齿之谊就变为一种更加强烈的牵挂，并且流露出来；另一方面，则表现为对其他民族的激烈排斥。

在五世纪的倭五王时期，日本之所以始终只与南朝通交，我推测可能是由于倭五王判断南朝好，北朝不好（第三章）。在后世的宋朝，日本对北方的女真建立的金朝也不予理睬，始终只与南宋亲密交往。当蒙古人建立的元朝取代金朝时，当时的当权者镰仓幕府对蒙古人抱有强烈的敌意，拒绝一切交流请求，甚至不惜交战，终于招致两次空前的国难。

这一次明清交替之际，日本尽管处于锁国状态之中，但对明朝的请援意图还是表现出了很高的热情，虽然抱有这种热情的时间不长。

这种深厚的唇齿之谊与顽固的正统主义互为表里，可以说是只把汉族王朝视为中国的正统王朝。这种正统主义也直接导致日本无缘无故地藐视与自己一样被称为"夷狄"的异族。

相传对明朝使节态度不逊的怀良亲王说过这样一句话：

> 吾国虽处扶桑东，未尝不慕中国。惟蒙古与我等夷，乃欲臣妾我。（《明史·日本传》）

这席话大概代表了当时日本人对中国的感情。

从中日两千年交流史中可以看出，对汉族的亲近与对其他民族的排斥，是日本外交态度的一个特征。

长崎贸易

元龟元年（1570 年），葡萄牙商船请求长崎领主大村纯忠开放长崎这一天然良港作为船只停泊处。自此，长崎开始成为贸易港。

普遍认为，长崎贸易港最初以停泊葡萄牙船为主，中国船只并不多。特别是丰臣秀吉出兵朝鲜，爆发所谓"万历倭寇"之后，中日关系极其紧张，以致从十六世纪末至十七世纪初，中国船只几乎不再来航。为中国船只能够再次来航而不懈努力的，是德川家康。

他的目的在于恢复勘合贸易。为此，他或通过明朝商人，或以琉球王、朝鲜为中介，频繁地劝说明朝，但最终均未成功。林罗山在他的文章中说：

> 勘合不成，然南京、福建商舶每岁渡长崎者，自此（庆长十五年，1610 年）逐年多多。（《林罗山文集》十二）

由此可知，德川家康的努力虽未获得成功，但来航的明朝民间商船却逐渐增多。

当然，明船与欧洲的商船不同，不是被禁的天主教船只，在贸易港上也没有受到限制。最初除了长崎，明船也可以到平户、五岛、大村等肥前各地和萨摩、博多或纪伊等港口停泊。不过，到了实行最严锁国令的宽永十二年（明崇祯八年，1635

年），明船也被限定只能停泊在长崎这一个港口。

进入明清交替时期以后，尽管政治局势变化剧烈，但来航长崎的中国船只仍有继续增多的趋势。虽然不知道从宽永十二年到正保四年（清顺治四年，1647 年）间来航船只的具体数量，但从庆安元年（顺治五年，1648 年）至明朝在形式上彻底灭亡的宽文元年（顺治十八年，1661 年）间来航船只的数量已经清楚：少的年份 20 艘，多的年份 70 艘，平均每年可达 49 艘。

占据台湾的郑氏家族最终放弃抵抗清王朝是在康熙十二年（日本天和三年，1683 年）。在此之前，中国每年平均来航船只数为 31 艘。与顺治十八年以前相比，来航船只虽有所减少，但应当说还是相当多的〔在这一时期的中日贸易中，郑氏家族发挥了很大的作用，特别是在顺治三年（1646 年）以前的郑芝龙时代和顺治十九年（1662 年）以前的郑成功时代，可以说他们掌握了中日贸易的主导权〕。

以上是明末清初中日贸易的第一个时期。这一时期日本虽已进入锁国体制，但还没有限制贸易额，从这层意义上说，还可以视其为自由贸易时期。

明末清初中日贸易的第二个时期始于贞享二年（清康熙二十四年，1685 年）。

1684 年，清政府颁布了展海令，准许各国船只自由来航，同时解除了中国船只渡航日本的禁令。实效立即表现出来。据说当年来到长崎的中国船只是前一年的 3 倍，达 73 艘。清政府为了削弱以华南沿海为根据地的郑成功势力，于顺治十三年（1656 年）发布贸易禁止令，接着又于顺治十八年（1661）采取高压政策（迁界令），命令一定范围内的沿海居民迁往内地。康熙二十二年（1683 年），伴随着郑氏家族的投降，遂开始解除禁令。这就是所谓的展海令。

康熙帝不单单是解除了禁令，他还从郑氏那里闻知对日贸易的好处，于是采取积极推进的态度，其结果就是出现了上述来航的贸易船只较常年倍增的情况。

不过，清朝方面向自由贸易的转变，却使日本遭受了巨大的损失。确切地说，就是金银的大量流出。

实际上在宽文十二年（1672年），幕府就针对此问题颁布了"市法"，算是某种程度的统制政策。但这项政策并不完备，金银仍然继续外流。由于来航的贸易船只突然剧增，迫使日本不得不采取紧急应对措施，于是便有了贞享二年（1685年）公布、并立即适用于当年贸易的《贞享令》。

《贞享令》规定年贸易总额为银6000贯。当时即使是少的年份，年贸易额也不低于1万贯〔宽文二年（1662年）以后十年间的平均值约为1.5万贯〕，所以不得不说这是相当大的限制。不过，《贞享令》的目的并不仅限于此。其另一个更为重要的目的，是要减少和废除过去金银本位的结算方法，转而出口铜，以平衡从中国进口的货物。[10]

《贞享令》取得了一定的成果，但虽然限制了贸易额，却未对船舶的数量加以任何限制，便出现了以下现象：贞享三年来航102艘（其中退运船18艘），贞享四年来航137艘（其中退运船22艘），来航船舶数反而增多。所谓退运船，是指虽已来到日本，但未被准许进行贸易，而被命令空手返回的船舶。这样做的结果是，这些退运船开始从事非法贸易，导致实际贸易额大大超出了规定。

因此也出现了不管是否为非法走私贸易，公开购买限制以外的货物的动向。元禄八年（1695年），有商人提出以铜来购买这些货物，并得到了许可。这就是被称作"代物替"的特殊措施。可是这个特殊的规定立即使贸易额大幅度地提升，元禄十年达到 7000 贯。再加上规定的 6000 贯，实际交易额为 1.3 万贯，与《贞享令》实施前并无太大差异。

幕府为了应对这种倾向，于元禄元年限定贸易船只每年最多 70 艘，至元禄十年（1697 年）增至 80 艘。但对此时处于锁国状态而缺乏出口积极性的日本来说，许可贸易船只 80 艘、许可贸易额 1.3 万贯仍是过于巨大的数额。

与《贞享令》实施前不同的是，之前是以金银为主要偿付手段，与此相对，在此之后则以铜为主要偿付手段。以铜为代物替后，铜更是被广为使用，这一现象马上又引发了铜的严重短缺。

新井白石等幕府阁僚做出了这样的判断：要解决这个难题，除了缩小贸易绝对额，别无他法。为此，幕府采取了十分坚决的限制进口政策，这就是正德五年（1715 年）实施的《正德新令》。此后，清朝时期的中日贸易，可以看作是进入了第三个时期。

《正德新令》规定年贸易额为 6000 贯，许可来航船只 30 艘，并发给信牌，不持信牌者不准交易。许可来航船只的数量虽然此后屡有变动，但除了享保二年（1717 年）增加为 40 艘，总的趋势是逐渐减少。至宽政二年（1790 年），最终缩减为 10 艘。事实上，在此以后，进入长崎的中国船只几乎没有一年超过 10 艘。尤其是文政年间以后，来航船只数量经常只有个位数。日本由此进入幕府的末期。

唐人坊

当时的唐船（日本把从中国来航的船舶统称为唐船），根据起航地不同，分为口船与奥船。口船是从南京、宁波、温州、福州等南方各地起航的船舶；奥船是从印度支那半岛[①]以及印度尼西亚等东南亚各地起航的船舶。口船与奥船一般都要中途停靠舟山群岛的普陀山，然后从普陀山一口气横渡中国东海，直达长崎。

最初，幕府对待到达长崎的中国商人十分宽容，让他们自由地投宿于他们想去的住所，但不久后就由于生活作风问题和取缔非法走私贸易的政策而不得不予以限制。元禄元年（1688年），幕府在长崎郊外建造大量房屋，并于第二年年底强制中国商人到那里居住，这就是所谓的唐人坊。

从此以后，中国人被禁止随意离开唐人坊外出，到政府机构或到寺院参拜时，必须要有官员陪同。另外，还禁止妓女之

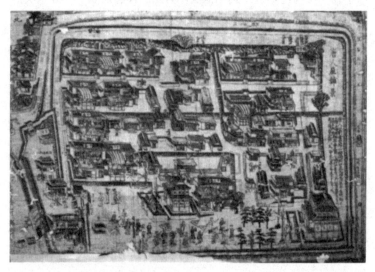

唐人坊（安永九年版，长崎图书馆所藏）

---

① 亦称中南半岛或中印半岛。

外的其他日本人进入唐人坊。于是中国人也与出岛①的荷兰人一样，被强制断绝与外界的一切接触，处于被隔离状态。

另外，幕府采取丝割符法进行贸易。具体做法是：对主要进口货物生丝协定价格，然后统一购入，再按一定的加价比例批发给行会的商人。后来到明历元年（1655年），丝割符法曾一度被废除，转而采取相对交易法等方法，但到贞享二年（1685年）又再次恢复了丝割符法。

渡日僧等

在德川时代来到日本的中国僧人超过60人。处于锁国体制下的日本之所以仍有许多中国僧侣来到，是因为按照惯例，长崎的唐三寺（兴福寺、福济寺、崇福寺）和京都宇治的黄檗山万福寺的历代住持，都要迎接中国僧人。

在60多名渡日僧中，最著名的还是开创黄檗山万福寺的隐元。

隐元于万历二十年（1592年）出生于福建，名隆琦，作为福州黄檗山的僧人而享有盛名。清顺治十一年（日本承应三年，1654年），隐元应长崎兴福寺僧人超然的邀请，渡海来到日本。万治元年（1658年），隐元下江户，谒见将军纲吉。第二年，隐元获得位于京都宇治的土地，创建黄檗山万福寺，在日本被誉为黄檗宗的开山鼻祖，成为一代名僧。隐元的继承人木庵和即非等人都是有名的书法家。

在渡日的学者、文人中，最著名的是朱舜水。

---

① 出岛是德川幕府在锁国时代建造的荷兰人居留的特别区域，荷兰人没有许可不能随意进出。

朱舜水名之瑜，字鲁玙，于万历八年（1600 年）出生于浙江余姚，为程朱学者。清朝兴起后，他为了复明而奋斗，但志向未成，最终于万治二年（1659 年）归化日本，被德川光圀迎为宾客，备受厚遇。这件事作为表现彼此（汉族与日本国民）唇齿之交的佳话而广为人知。

注　释

[1] 参照石原道博《郑芝龙父子的日本乞师》（收录于《日本乞师的研究》）。

[2] 但《宽永小说》认为这是郑成功乞师时所进行的讨论。不过，根据后述引文《南龙公谱略》及《华夷变态》的记载，一般认为"郑成功乞师"明显是"郑芝龙乞师"之误。

[3] 石原道博的前揭论文。

[4] 中村久四郎:《明末的日本的乞师及乞资》(《史学杂志》26—5,6)。

[5] 参照石原道博《明末的日本乞师与郑经》（收录于《日本乞师的研究》）。

[6] 其他还有郑泰的乞师，后述（乞师一览中的第十三次）。

[7] 石原道博:《明将周鹤芝、冯京第的日本乞师》（收录于《日本乞师的研究》）。

[8] 为明末清初继承阳明学传统的代表性思想家，著有《明夷待访录》等。

[9] 中村久四郎的前揭论文。

[10] 山胁悌二郎:《长崎的唐人贸易》。

参考文献

林春胜、林信笃:《華夷变態》。

西川如見:《華夷通商考》。

小倉秀貫:《徳川家光支那侵略の企図》(《史学雑誌》2—15)
　　(1891)。

浅井虎夫:《支那日本通商史》(1906)。

稲葉君山:《朱舜水考》(《日本及日本人》)(1908)。

中村久四郎:《明末の日本乞師及び乞資》(《史学雑誌》26—5、6)
　　(1915)。

矢野仁一:《長崎市史(通交貿易、東洋諸国)》,《近代支那外国関
　　係研究》。

石原道博:《明末清初 日本乞師の研究》(1945)。

中田易直:《糸割符について》(《歴史教育》4—11、12)(1956)

箭内健次:《長崎》(1959)。

山脇悌二郎:《近世日中貿易史の研究》(1960),《長崎の唐人貿
　　易》(1964)。

大庭修:《江戸時代における中国文化受容の研究》(1984)。

第十章　最后的决裂
——王道与霸道

日本与近代中国

中国近代史始于鸦片战争。显而易见，当时英国资本主义已经成功地把印度次大陆变作自己的殖民地，鸦片战争正是1840年英国侵入中国后，双方所发生的最初的冲突。

进入十九世纪以后，清政府的统治力量似乎已开始衰落，中国封建体制的矛盾正逐渐暴露出来。利用这个机会向中国大量推销鸦片的英国，同企图禁止鸦片的中国开明派官员之间发生了冲突，这就是所谓的鸦片战争。结果清朝被英国打败，缔结了同欧美国家之间的第一个不平等条约《南京条约》（1842年）。

自十八世纪中期以来，清朝一直闭关自守，对外贸易港口仅限广州一处。签订条约后，清政府被迫开放了广州、厦门、福州、宁波和上海五个港口，并割让了香港，陷入了困境。

鸦片战争震撼了中国朝野。接着中国内部又掀起了一次更大的冲击波，这就是太平天国运动（1850—1864年）。

　　洪秀全是一位在科举考试（官吏录用考试）中落第的乡村教师。他利用基督教，组织了独特的上帝会教团，并以此为基础，在广西金田村发动了起义。起义经历数年，遍及华南各地，并建立了国家，称为太平天国。咸丰三年（1853年），太平军占领南京，并定都于此。最初不过一万人左右的太平军，这时竟已发展到号称百万。

　　然而，由于此后北伐的失败，领导集团内部的纷争，以及最初采取静观态度的英、法、美等外国势力开始干涉等原因，太平天国的势力日渐衰退。同治三年（1864年）六月，天王洪秀全自杀。同年七月，南京失陷。坚持奋战的忠王李秀成不久后也宣告失败，至此太平天国最终彻底覆灭。太平天国运动给中国社会造成了巨大的影响，从某种意义上甚至可以说，形塑了中国的未来。

　　此后，苦于遭受欧美各国凌辱的清政府企图发动自上而下的改革，但未能成功，反而因排外的义和团运动（1899—1900年）而招致外国势力的联合干涉，呈现出垂死的态势。在这样的历史背景下，以孙文为领袖的中国同盟会应运而生。同盟会成员领导发起了辛亥革命，成立了中国历史上的第一个共和制国家中华民国（1912年）。

　　就这样，中国迈出了作为近代国家的第一步。不过，中国此后的道路恐怕更加艰难。这些问题将在后文略做考察，这里先看看日本一方又是怎样的呢？

　　从以上简述可以看出，中国走向近代化道路是一个苦难接着一个苦难，充满了迂回曲折。与此相比，日本却是精力充沛地走在通向近代化（这里所谓的近代化，可以说就是西欧化）的最短路程上，从某种意义上来说，日本创造了在亚洲获得成功的光辉范例。比如起始于明治维新（1868 年）的藩阀政府所实行的富国强兵与文明开化政策。

> 现文明之世界，若西方之榜首为英吉利，东方则愿为名副其实之日本。望诸位领会此意，竭尽全力，勤学不怠。

这是明治八年（1875 年）出版的大众启蒙书籍《明治之光》中的一段话。可以说这段话很好地体现了明治时期人们希望与当时世界上最强大的资本主义国家英国比肩的迫切愿望。而且，这一宏大愿望于短时期内在亚洲获得了意想不到的成功，不仅将日本从资本主义列强的殖民地化政策下挽救出来，而且使得日本也很快成为强大的资本主义列强中的一员。日本的扩张政策在明治中期引发了两次大规模战争，这就是清日战争①和日俄战争。

清日战争

明治政府的对外政策，主要是围绕着朝鲜半岛上的利害关系展开的。从西乡隆盛等人倡导的"征韩论"中就可以看到端倪，连相对比较提倡自由主义的大井宪太郎等人也称"朝鲜是日本的堤防"，宣称"那里一旦决堤，日本不知会遭受多大的灾难"。

不仅朝野，全日本都十分关注朝鲜半岛。但影响力虽然微

---

① 即中日甲午战争。

弱却实际操控着朝鲜的，是其宗主国清政府。因此，要想让朝鲜问题朝着对日本有利的方向发展，就必须同清政府决一死战，并且获胜。这可以说是当时日本政府最高领导及军部领导的共识。明治二十七年（清光绪二十年，1894年），朝鲜发生了东学党之乱（甲午农民战争）。

所谓"东学"，是相对于天主教（西学）而说的，其实质是一次对抗天主教的新宗教运动。[1]正如后来成为农民起义领导人的全琫准所说："学东学，除免病外，无其他利益。"东学的基础是带有很多咒术因素的民间信仰，所以容易被百姓接受，很快就以庆尚道为中心，收获了许多信徒。东学势力进一步与当时农村的各种矛盾相结合，进而发生所谓的东学党之乱，在数月之间就扩大到了朝鲜政府无法控制的地步。

束手无策的朝鲜政府向清政府求援，请求其出兵镇压。同年6月2日，日本驻朝鲜代理公使杉村向日本国内发送电报，告知清兵已出动。伊藤内阁立即决定出兵。5日设立大本营，12日让先头部队在仁川登陆。关于日本出兵意图，外相陆奥宗光如是说：

> 不论清国以何等名义，若有向朝鲜派出军队之事实时，我国亦应向朝鲜派出相当之军队，以备不虑之变，务必维持日清两国对朝鲜的权力之平衡。（《蹇蹇录》）

表面上的名义是保护公使馆和侨民。这也是日本出兵大陆时常用的理由和借口。

此后，尽管有来自其他各国的干涉和调停，但两军还是在7月25日交战（丰岛海战）。8月1日双方正式宣战。这就是日本的第一次近代战争——清日战争。

总的来说，日军在战争过程中占压倒性优势。

日军于 9 月 15 日进攻平壤，17 日发动黄海海战；10 月在中国领土辽东半岛登陆，11 月 22 日占领要塞旅顺。明治二十八年（1895 年）二月，日军在山东半岛登陆，进攻威海卫，重创在黄海海战中已受重创的北洋舰队主力战舰。清军司令官丁汝昌自杀。至此，清政府引以为傲的北洋舰队彻底覆灭。可以说，国内的意志是否统一、近代化进程的快慢和战斗士气的高低等因素，决定了这场近代战争的结果。而这场战争，又成为近代中日关系不幸决裂的导火索。

媾和会议虽然进展艰难，但清政府还是缔结了不平等和约：（1）承认朝鲜独立（即放弃宗主权）；（2）割让辽东半岛、台湾、澎湖岛；（3）赔银两亿两；（4）承认片面最惠国待遇和开港地区的工业企业权。可以说日本的目标基本上全部实现。

可是，对亚洲虎视眈眈的其他各国，绝不会允许日本一国取得最大利益。俄、德、法进行了所谓的“三国干涉还辽”，导致日本不得不放弃辽东半岛。俄、德、法的这次干涉，给中国知识分子带来了外国列强分割中国领土的危机迫在眉睫的强烈冲击；同时也使日本领悟到，要确保在朝鲜半岛的权益，并以此为立足点进一步向大陆扩张，无论如何都必须同三国干涉还辽事实上的主角——俄国一决雌雄。

十年后的日俄战争（1904—1905 年）实现了这一目标。紧接着，日本以日俄战争的胜利为基础，于明治四十三年（1910年）最终吞并韩国（1897 年以后称大韩帝国）。至此，明治政府长期追求的对外目标大致实现了。

留日学生

明治二十九年（1896 年），即清日战争结束后的第二年，13
名中国留学生来到日本。这是从中国前往日本的首批留学生。
两千年来，一直是日本向文化更为先进的中国学习。至此，可
以说中日之间的关系发生了逆转（日本人对中国人使用"清国
奴"这一蔑称也始于清日战争。过去日本人在中国人面前抱有
极端的自卑感，现在敌视与蔑视相结合，态度来了一百八十度
的大转弯，开始看不起中国人。这充分说明了日本国民擅于顺
应形势的变化，信奉权势主义，可轻易改变价值观，以及一旦
改变就一定要将其贯彻到底的癖性）。

首批中国留学生虽仅有 13 人（而且其中先有 4 人、后有 2
人，因不堪忍受日本人的蔑视态度和无法适应日本的生活习惯
而中途回国，最后只剩下 7 人），但之后人数逐年增加。在中国
人通过北清事变（1900 年）[①] 进一步痛感国家的懦弱无力之后，
留学生更是猛增到 280 多人。在日俄战争中，东海的一个小国
给予了大国俄国沉重的打击，这让全世界为之震动。这一震动
立即在留学生中得到反映，明治三十八年（1905 年），来日留学
生的实际人数达 8000 人。到明治三十九年终于超过了 1 万人，
到达顶峰。

最初仅有嘉纳治五郎任校长的高等师范学校（现在的教育
类专修大学筑波大学）接纳留学生，但在上述情况下，很快就
出现了弘文学院（负责人为嘉纳治五郎）、东亚同文书院、成城
学校、振武学校、经纬学堂（明治大学经营）、法政大学速成

---

① 即义和团运动，又称庚子事变。

科、早稻田大学清国留学生部等。另外，下田歌子的实践女子学校也开始接纳中国的女留学生。

这些留学生中包括了鲁迅、周恩来、廖承志，以及留下"秋风秋雨愁煞人"的名句后被处死的女革命家秋瑾等人。可以猜测他们一开始就是抱着矛盾心理来日本留学的。

前面写道"中日之间的关系发生了逆转"，但其实更严格地说，这些留学生并不是为了学习日本文化而来到日本的。正如实藤惠秀所说：

> ……为了能够立即应用西方的近代文化，通过走捷径学习正在消化西方近代文化的日本。日本可以说是作为临时教员被选中。(《中日非友好的历史》)

可是，对中国留学生来说，这位"临时教员"无理的轻视也是难以忍受的。这一点不能忽视。

另外，很多中国留学生利用临时教员日本快速地学习西方近代文化，是想尽快地掌握这种文化，以保卫祖国免遭欧美列强侵略。然而，这位临时教员本身很快就与欧美各国为伍，甚至怀着比欧美各国更大的贪婪之心，开始策划入侵中国。

关于留学生这种矛盾中产生动摇的心理，鲁迅在自传性作品《藤野先生》等著作中有生动的描述。有一位激愤青年认为这种苦恼不是他自己一个人的烦恼，而应提升为民族的烦恼，最后以身相殉。他就是陈天华。

前已述及，中国留学生来日本是为了迅速地掌握近代文化，因此这对于清政府来说也是值得奖励的事情。可是，留学生中却涌现出许多革命之士，他们认为中国要真正近代化，首先必须打倒清政府。大伤脑筋的清政府便请求日本管束留学生。

明治政府对此似乎并不怎么热心，但还是在清政府的催促下，于明治三十八年（1905 年）十一月，以第十九号文部省令颁布了《关于准许清国人入学的公私立学校的规定》，并以该规定为基础，命令各个学校张贴出以下告示：

> 本月二十九日前，各留学生须呈报原籍、现住址、年龄、学历。如在此期间内不呈报者，将有极为不利的后果。

这当然激起很多留学生的反抗，事态最后发展到同盟罢课。《东京朝日新闻》对此事做了报道，留下如下记载：

> 东京市内各学校在校清国留学生 8600 余人同盟罢课……此为对上月 2 日公布的针对清国留学生的文部省令心怀不满后的反抗举动。该省令可作广义和狭义两种理解，由于清国留学生对该省令过于狭义地理解才产生不满，也源自于清国人意志放纵卑劣的特性，以及团体感极其薄弱……

上文的"放纵卑劣"一词使陈天华极为愤慨。

陈天华，清光绪元年（1875 年）出生于湖南新化，明治三十六年（1903 年）来到日本。陈天华是黄兴等人创建的革命团体"华兴会"的活动家，性格刚烈，认为无论如何不能对侮辱中华民族的"放纵卑劣"四字熟视无睹，便于当晚留下一纸"绝命辞"，在大森海岸投海自杀。他在"绝命辞"中说：

> 鄙人心痛此言（放纵卑劣），欲我同胞时时勿忘此语，力除此四字，而做此四字之反面："坚忍奉公，力学爱国。"恐同胞之不见听而或忘之，故以身投东海，为诸君之纪念。诸君而如念及鄙人也，则毋忘鄙人今日所言。

有人在留学生会馆朗读这篇遗书时，"听者千数百人，皆泣下不能仰"[2]。这里也可以看到近代中日关系屡遭歪曲的悲剧，同时让人再次陷入深思：正是这些刚烈的年轻灵魂，给以后的中国带来了变革的动力。

中国与日本志士

前已述及，中国留学生中产生了许多为祖国前途担忧的革命之士。另外，当时还有许多已成名的思想家和革命家，他们仍然来到日本，为变革中国而奔走。日本在一段时期内，可以说给人以中国革命根据地的印象。

其中，像鲁迅笔下的"藤野先生"那样纯粹厚爱中华民族的人的好意不可忽视，但更多的还是得益于头山满和内田良平那样被人称作"中国浪人"的群体，以及像犬养毅那样的（虽有某种灵活性，但在本质上是）保守派政治家们不惜代价的援助。对民间志士和保守派政治家来说，其目的恐怕是：与其把恩义给予命在旦夕的清朝，还不如寄希望于要变革的年轻力量，从而获得未来对日本有利的保证。

所以在辛亥革命之后，当日本政府认为"邻国革命的成功对我国国体有不良影响"时，便开始对援助中国革命人士的浪人施加压力，这些人因而也逐渐发生变化，很快变为提倡侵略大陆策略的尖兵。

但不管怎么说，在一段时期内，日本仍然是中国革命志士最心安的避难之地。因此才有梁启超、康有为、章炳麟等人，受到日本朝野的庇护，同日本人士结下深厚情谊。其中，被称为中国革命之父的孙文与宫崎寅藏（号滔天）的友谊，值得大书一笔。

孙文于明治二十八年（1895 年）首次来到日本，以后又多次来访。宫崎滔天在孙文在日期间，几乎抛弃全部个人生活，一心为孙文效劳。宫崎把心思全放在事业上，丢下妻子儿女，成为说唱浪花节①的艺人，到各地去演出。宫崎还把领导华兴会的黄兴引见给组织兴中会的孙文，促成了作为中国革命根基的中国同盟会的成立。这恐怕是宫崎滔天最大的功绩。

这是近代中日友谊大放异彩的一页。

"二十一条"

1912 年 1 月，中华民国成立。（前已述及）成立后的民国前途绝非平坦，仅在一个多月后，就陷入困境，被迫同意北洋军阀野心勃勃的领袖袁世凯就任大总统。很快，孙文和黄兴不得不再次流亡日本。可以说，民国在其成立时就暗藏前途暗淡的征兆。

而且这时爆发了第一次世界大战（1914—1918 年）。日本以

---

① 浪花节是日本民间说唱故事的一种形式。

日英同盟为名，站在协约国一边参战。1914 年 8 月，日本向德国发出最后通牒，要求其出让在山东半岛的租借地青岛。同年 11 月，日军控制并占领了青岛。与此同时，日本向袁世凯政府强硬提出共五号二十一条组成的条约。其内容摘要如下：

第一号

第一款　中国政府允诺，日后日本国政府拟向德国政府协定所有德国关于山东省依据条约，或其他关系，对中国政府享有一切权利利益让与等项处分，概行承认。

……

第二号

日本国政府及中国政府，因中国承认日本国在南满洲及东部内蒙古享有优越地位，兹议定条款如下：

……

第五号

第一款　在中国中央政府，须聘用有力之日本人，充为政治、财政、军事等各顾问。

……

可以说，"二十一条"的重点就是：要求中国把德国在山东拥有的权益全部让给日本，并把中国东北及内蒙古东部置于日本的半殖民地统治之下，进而在第五号中企图把整个中国作为日本的附属国。

中国各界人士对此极其愤慨，认为这是趁欧洲各国忙于大战之机，趁火打劫，企图侵吞中国。

然而，袁世凯政府最后屈服了。5 月 7 日，日本仅删除第五号，发出最后通牒，并迫使袁世凯接受了这个条约。中国民众一直把这一天记为"国耻纪念日"，并开始憎恶日本。

1918 年 11 月，第一次世界大战结束。1919 年，媾和会议在巴黎召开。中国的目的是希望在这次国际会议上废除"二十一条"。但日本所做的工作起到了效果，使得国际上承认了日本在青岛等地获得的全部利益。中国外交遭到惨败。

这个消息传到中国是 5 月 1 日。5 月 4 日，以北京大学为首的十几所学校约 3000 名学生陆续聚集到天安门广场，集会很快又转为示威游行。他们提出的口号有"还我青岛""取消二十一条""拒绝在巴黎合约上签字"及"抵制日货"等。到了傍晚，游行队伍袭击并放火烧毁了"二十一条"谈判时的中方委员曹汝霖的住宅。这就是所谓的"五四运动"的开始。

中国当局对此进行镇压，逮捕了许多学生，同时追究学生运动的责任。北京大学校长蔡元培被迫提交了辞呈，这反而引起学生更大的激愤。5 月 19 日，以北京大学为主的约 1 万名学生开始无限期罢课。不仅如此，到了 6 月，这场运动扩大到上海，这里的工人和商人进行了 8 天的总罢工，群众运动空前高涨，规模也大了起来。

毛泽东在《新民主主义论》中这样说道：

> 在"五四"以前，中国的新文化，是旧民主主义性质的文化，属于世界资产阶级的资本主义的文化革命的一部分。在"五四"以后，中国的新文化，却是新民主主义性质的文化，属于世界无产阶级的社会主义的文化革命的一部分。

五四运动确实是旧中国变革过程中的一次划时代事件。五四运动已不是旧式运动，不是只依靠一部分知识分子完成且带有局限性，而是转为更广泛的民众运动。而造成这种质的转变的原因，不是别的，正是日本极其蛮横的扩张政策。这对日本来说是可悲的。

日本的"反面教员"作用从此开始发酵，一直到第二次世界大战结束，只有增强没有减弱，并且最终迎来了悲惨的结局。我们必须再花点时间看一看这段经过。

最糟的岁月

袁世凯死（1916 年）后，军阀分为皖系、直系、奉系等各个派系，他们之间重复着不间断的混战。另一方面，孙文改组中华革命党，成立了中国国民党，并在"三民主义"的基础上，制定了"联俄、联共、扶助工农"三大政策，努力建立真正的统一的民主中国。但孙文于 1925 年因肝癌逝世，留下"革命尚未成功"这句遗言。

孙文的继承人蒋介石于 1928 年取得北伐胜利，由国民政府来统一中国的事业大致取得成功。但蒋介石未遵守孙文留下的"国共合作"的遗命，于 1927 年 4 月在上海发起了反共政变，逮捕并屠杀了大批共产党员，为将来的失败埋下了伏笔。

对处于这种状况下的中国，日益军国主义化的日本会采取怎样的方针呢？最能集中说明这一问题的，就是以"田中奏折"而闻名的田中义一大将的奏章（1927 年 5 月）[3]。田中义一在"田中奏折"中写到：

向之日、俄战争，实际即日支之战。将来欲治支那，必以打倒美国势力为先决问题，与日、俄战争之意，大同小异。惟欲征服支那，必先征服满、蒙。如欲征服世界，必先征服支那。（重点为著者所加）

同年 6 月，日本在有军部首脑及与中国有关的外交官等人士参加的"东方会议"上，做出决议："把满洲及蒙古从中国本土分裂出来，将其置于我国的统治之下；必要情况下不辞行使武力。"而 1931 年（昭和六年）9 月 18 日，在奉天（沈阳）郊外的柳条湖发生的爆破满铁事件，就迈出了具体的第一步。

爆破铁路本来是由板垣征四郎等人领导的关东军策划的，却将其说成中国军队所为，以此作为挑起战争的借口。这是典型的捏造。

点燃导火索后，早就制定了占领中国东北的具体计划的关东军迅速行动，仅用了约 3 个月的时间就控制了整个地区。接着于 1932 年 3 月，抬出清朝的末代皇帝宣统帝（溥仪），炮制出"满洲帝国"，讴歌这是所谓的日本人、朝鲜人、满洲人、中国人和蒙古人的五族协和，但毋庸置疑的是，实际上就是由日本人统治，把这里变为日本的殖民地。

对日本建立的傀儡"满洲国"，中国人当然是明里暗里尝试着进行反抗。于是日本以确保治安、打击威胁治安的根据地为由，于 1933 年（昭和八年）入侵邻近地区热河省。同年 5 月，日军越过长城进军河北省，1935 年建立傀儡政权"冀东防共自治政府"。

日本的侵华政策就这样无止境地不断升级，最后发展到中日两千年交流史中最悲惨的一页，即长达八年的中日全面战争。它开端始于 1937 年（昭和十二年）7 月 7 日夜。

这时日本国内出现了"速战速决论"。杉山元陆相上奏天皇，主张两个月内解决问题，并派出大批陆军部队，开始总攻。同时又向上海派出海军陆战队，最终发展为全面战争。

战争初期阶段，日军的进攻势如破竹。

日军首先攻占了北京、天津，数月之内就基本占领了华北要冲。在华中经过一番苦战后，大部队在杭州湾登陆，从背后入侵并占领上海。日军接着于 12 月攻陷了国民党政府的首都南京，屠杀了无数平民。1938 年 8 月，日军侵占了位于长江中游的武汉，并在华南地区占领了广州等地。

日中开战一年多，日军占领和控制了中国大半的重要城市。

但日军势如破竹的进攻大致也就到此为止了。日军此后开始执行被称为"三光作战"的"斩尽杀绝"战略。在战争末期的 1944 年，又断然进行可谓是垂死挣扎的"打通大陆作战计划"。从大局来看，长达八年的中日全面战争，归根结底可以说（从日军的立场来说），不过是一场如何维持最初一年所获得的点（城市）与线（铁路）的战争。这正是毛泽东所倡导的"持久战"。

《论持久战》发表于战争开始后的第二年（1938 年）5 月。毛泽东在这篇文章中提出：

> 第一个阶段，是日本之战略进攻、中国之战略防御的时期；第二个阶段，是日本之战略保守、中国之准备反攻的时期；第三个阶段，是中国之战略反攻、日本之战略退却的时期。

毛泽东在文中说：

　　……这些特点，规定了和规定着战争的持久性和最后胜利属于中国而不属于日本。

可以说事态基本上就是按照毛泽东的推断在发展。200 多万日本陆军陷入持久战的泥沼，直至迎来溃灭的日子。

1941 年（昭和十六年）12 月以后，日本与德国、意大利结成联盟，开始了全面的世界大战。战争初期日军在太平洋上所取得的胜利也是短暂的，很快就被美国庞大的物质力量所压倒，不得不节节后退。再加上在中国大陆陷于无法摆脱的困境，日本最终被逼到了穷途末路的绝境。其结果是，日本于 1945 年 8 月宣布无条件投降。

战争期间，日本屠杀中国人约 1000 万 [①]。这是中日交流史上只有流血和破坏的时段，是最糟的时段。

架桥的人们

即使在最糟的时期，还是有不少人希望能在中日之间架设桥梁。现在我想从这些人中记下一位相对不为人知的女性，一位世界语工作者。

她就是长谷川照子。照子肄业于奈良女子高等师范学校。她从在校期间开始学世界语，因对左翼学生表达了一点支援而被勒令退学。照子后来通过世界语与中国留学生刘仁相识，

---

① 根据中国官方公布的数据，抗日战争期间，中国军民伤亡 3500 万以上。

并结婚。1937 年 4 月，中日爆发全面战争前夕，她来到了中国。

生活极度贫困的照子由上海到广州，又转赴汉口，在汉口进入"国民党中央宣传部国际宣传处对日科"，担任对日广播员。因此，日本的报纸恶毒地写道：

> "娇声卖国奴"的真相
>
> 熟练地使用流畅的日语
>
> 用奇怪的广播恶骂祖国
>
> "赤色"堕落分子长谷川照子
>
> （昭和十三年十一月一日《都新闻》）

随着汉口失陷，照子又随国民政府的迁都而转移到重庆。待在遭受日本空军猛烈轰炸的重庆时，她似乎同作家鹿地亘夫妇等人有过交往。总之她在这里一直待到战争结束。战后一度搬到上海，之后迁居丈夫的故乡东北地区。

当时的东北驻扎着苏联军队、中国共产党军队和国民党军队，社会动荡。身处这个混乱旋涡的照子到了沈阳（奉天），最后不知什么原因迁居到靠近苏联边境的极寒城市佳木斯。据说照子在那里失去了丈夫，加上她本来就体弱，患上了伤寒，于1947 年春病故，享年 35 岁，但具体死亡情况不详。照子留下了两个孩子。

照子留下了一些用世界语写的文章。其中有这样一段：

> 如果你们希望，可以叫我叛徒。我一点也不害怕。我反而对于自己和那些不但侵略其他民族的国土，还给无辜

无力的难民带来人间地狱，却能泰然处之的人是同一个民族而感到耻辱。真正的爱国主义和人类进步绝不是对立的。否则，那就不是爱国主义，而是民族主义。（引自利根光一《照子的一生》）

照子以流亡与贫困的方式，在战争期间及战后最困难时期的中国度过了自己人生的黄金时代，像一朵最终也没有得到回报的阴影里的小花。在日本，她被人们当作"叛徒"，白眼相待；在中国，她尽管不从属于国民党，但她又曾是国民党宣传机构中的一员，大概对她的评价也不高。不过，她愿以身躯化为中日之间的桥梁，让中国人始终能看到日本人的良心之光。我认为应当满怀逝者安息的良好祝愿，对她这极少得到回报的一生，予以正确的评价。[4]

王道与霸道

创立于1921年的中国共产党，克服了早期的错误路线带来的影响，在遵义会议（1935年）上确立了毛泽东的领导地位。共产党此后完成了万里长征，在延安建立了根据地，在困难的中日战争时期，在抗日民族统一战线的旗帜下进行彻底抗战，在抗战胜利后始终压制住势力强大的国民党军队，最终在1949年10月1日宣告中华人民共和国成立。这一切就不必再赘述了，它正是在继承了孙文所梦想的中国革命的基础上取得的成就。

"二战"后，日本本应作为爱好和平的民主主义国家重新出发，但却成了在美国的庇护下，从属于美国世界战略的国家。在对待新生的中华人民共和国这一点上，也追随美国敌视中国的政策，采取否认新中国的态度。对日本而言的中国，不外乎是被共产党赶出大陆，只占据台湾的蒋介石等人的国民政府；[5] 所谓应遵守的国际信义，也是仅对台湾政府表示的信义。[6]

但不可否认的是，即使在这种敌视乃至忽视政策横行的时期，民间依旧在交流方面做出了种种努力。中日友好协会[7]、中日贸易促进会和中日贸易促进议员联盟等组织的活动就是例子。在朝鲜战争鏖战正酣的 1952 年（昭和二十七年）6 月，高良富等三名议员① 同中国缔结了第一次贸易协定。由此为开端，中日此后又缔结了几次协定，努力在阻隔着中日的厚厚障壁中，穿过一条细线（不过，这一努力在日本战后最敌视中国的岸信介内阁执政时期，不得不中断数年。直到 1959 年秋季以后，在石桥湛山和松村谦三等人的努力下，才逐渐打开了交涉的窗口。1962 年 11 月，廖承志与高碕达之助两位先生交换了"中日长期综合贸易备忘录"[8]，基于这个备忘录的贸易，以及通过友好商社方式的贸易，使得日本 1965 年的进出口贸易总额达到 4.7 亿美元，终于成为中国最大的对外贸易国家）。

历时数十年的战后史，也使围绕中国的国际形势逐渐发生了变化。具体来说，在亚非地区广泛的民族独立运动中成立的新兴独立国家中，支持中国的力量逐渐增强；资本主义和社会主义两大阵营均开始出现多极化现象，特别是中苏对立的加剧；越南战争实质上以美国的败退而告终，等等。

于是，美国被迫修改它的世界政策。1971 年 7 月尼克松突

①　另外两位议员是帆足计和宫腰喜助。

然宣布访华就是其中的一环。美国抛弃了过去敌视中国的政策，迈开恢复中美邦交的步伐。1972 年 2 月，美国总统戏剧性访华。

对此，日本大为震惊，立即追随美国的新路线。同年 9 月，田中角荣首相访华，中日开始全面地恢复邦交。这样，战争结束 27 年后，对战争的公正清算才开始步入正轨。1978 年 8 月，中日两国终于签订了《中日和平友好条约》，一直影响至今。

如今，日本与中国的合作，无论是政府间交往，还是民间往来，的确都更深更广。在历时两千年的中日交流史上，一个黄金时代仿佛昭然显现，不得不说这实在是一件值得欣喜的事情。

不过，这样的情景未必能够永远延续，这是历史的常态。尤其是政治环境瞬息万变。

我们只有一心期待、盼望子子孙孙永远和平友好，只有在心里暗暗发誓为此竭尽全力。当前最需要做的，应是准确地相互理解，以及高瞻远瞩，不为表面现象所迷惑。

孙文曾在日本作过题为《大亚洲主义》的讲演，提出过以下忠告：

> 最后，你们日本民族既得到了欧美霸道的文化，又有亚洲王道文化的本质，从今以后对于世界文化的前途，究竟是做西方霸道文化的鹰犬，或者做东方王道文化的干城，就在你们日本国民去详审慎择。[9]

我总觉得，孙文已经在这里提出了日本应该走的道路。

注　释

[1] 东学党教主崔济愚，1864 年以提倡邪教、蛊惑愚民罪被处死。

[2] 引自陈天华的同乡友人宋教仁的文章。

[3] 也有观点认为"田中奏折"是伪作。本文引自《中国》杂志第 14 期。

[4] 目前在中国，对照子的重新评价也正在推进。

[5] 通过 1951 年 12 月 24 日吉田茂致杜勒斯的书信（即"吉田书简"——译著）可以看到，日本希望与台湾的国民党政府缔结和约，同所谓的"中国"恢复邦交。

[6] 例如，在第 64 届临时国会上，佐藤首相做过大意如下的发言：所谓必须遵守的国际信义，是对"缔结日华和平条约以来，亲善友好关系正在加深"的台湾政府而言。

[7] 受到中国共产党和日本共产党对立的影响，1969 年 3 月中日友好协会分裂。此后，中日友好协会（正统）成为民间中日交流的主要窗口之一。

[8] 取廖承志与高碕达之助两位先生姓氏拼音的第一个字母，称作"L·T 贸易"。

[9] 该文是孙文 1924 年最后来日时，在神户高等女子学校所作的讲演。

参考文献

陸奥宗光:《蹇々録》(《岩波文庫》所收)。

宮崎滔天:《三十三年の夢》(《宮崎滔天全集》所收)。

孫文:《国父全集》。

田保橋潔:《日清戦役外交史の研究》(1951)。

鈴江言一:《中国解放戦闘史》(1953)。

竹内好等訳:《魯迅選集》(1956)。

エドガー・スノウ　宇佐美誠次郎訳:《中国の赤い星》(1964)。

〔Edgar Snow: Red Star over China: The Classic Account of the Birth of Chinese Communism (1936).〕

李剑农:《中国近百年政治史》(1965)。

毛泽东:《毛泽东选集》(1965—1977)。

野沢豊:《孫文》《孫文と中国革命》(1966)。

利根光一:《テルの生涯》(1969)。

さねとうけいしゅう:《中国人日本留学史》(1960),《日中非友好の歴史》(1973)。

石川忠雄等:《戦後資料 日中関係》(1970)。

安藤彦太郎等:《日中戦争史資料》(1972)。

河原宏、藤井昇三:《日中関係史の基礎知識》(1974)。

日本中国友好協会全国本部編:《日中友好運動史》(1975)。

古川万太郎:《日中戦後関係史》(1981)。

河村一夫:《近代日中関係史の諸問題》(1983)。

佐藤三郎:《近代日中交渉史の研究》(1984)。

古屋哲夫編:《日中戦争史研究》(1984)。

依田熹家:《日中両国近代化の比較研究序説》(1986)。

全书各章参考文献：

中山久四郎:《支那史籍上の日本》(1930)。

辻善之助:《海外交通史話》(1930)。

秋山謙蔵:《日支交渉史研究》(1939)。

志田不動麿:《東洋史上の日本》(1940)。

王輯五、金井啓一訳:《日支交通史》(1941)。

〔王輯五:《中国日本交通史》(1936)。〕

塚本善隆:《日支仏教交渉史研究》(1944)。

木宮泰彦:《日華文化交流史》(1955)。

日中、日朝关系史文献目录：

石井正敏、川越泰博:《日中・日朝関係研究 文献目録》(1976)。

近代日中关系史文献目录：

山根幸夫:《近代日中関係史文献目録》(1979)。

市古宙三:《近代中国・日中関係図書目録》(1979)。

译后记

本书第一版于 1977 年在日本出版，于 1982 年出版中译本。我所翻译的是 1988 年的修订版。1982 年版的译者序对本书做了评价："本书不是把两千年来的有关史实细大不捐地尽量罗列堆砌，而是力求把握住主要的线索，结合每个时期两国发展的（以至东北亚的）具体情况来考察当时中日交往的状态，对于日本学术界在古代中日关系史上一些主要争论，作者一一做了必要的介绍，并提出了一些自己的看法。"这个评价应该说是十分客观的，这也是对著者的一个高度认可。当然，本书的价值不仅体现在学术研究方面，它在增进中日两国人民友谊，促进两国人民世世代代友好方面也发挥着积极作用。

中国与日本是一衣带水、一苇可航的近邻。诚如作者所言："中日近代百年的历史虽然主要是对立、侵略和反抗的历史，但在此之前却有着长达两千年友好往来的历史。"是的，回顾中日交流的历史，可以追溯到久远的上古时代。而有文字记载的往来就已经有两千多年，可谓是渊远流长。在漫长的岁月中，中日两国人民通过各种交往和交流，加深了了解，增强了友谊。虽然曾有过冲突和战争，但历代两国之间的友好往来和互相促进是主流。

我从大学开始，就阅读了许多有关日本方面的著作，并且在攻读硕士和博士学位期间以日本史为自己的研究方向，以期进一步加深对日本历史、文化以及风俗习惯的理解和认识。而今，我有幸成为该书的译者，能够为中日交流史的研究尽自己的绵薄之力，深感实在是一件蒙福之事。

　　最后，道声感谢。感谢北京联合大学旅游学院日语教师赵仲博士为本书仔细校核，感谢首都师范大学讲师崔金柱博士、后浪出版公司编辑给予本书的翻译提供热情帮助。另外，有几处古文的旧译（第九章）已被广大读者所接受和引用，因而沿袭旧译，在此对张俊彦和卞立强两位先生表示感谢。最后，感谢家人的付出，你们的理解和支持是我工作的坚强后盾。

　　限于水平，翻译当中难免有不妥之处，恳请读者批评指正。

译者

北京联合大学北四环校区东院

二〇一七年七月二十五日

出版后记

日本作为中国最重要的邻国之一，千百年来，中日两国的历史发展轨迹相互交缠撕扯。然而，谈起中日交往史，除了遣唐使、侵华战争，我们还能想到什么？

作者藤家礼之助先生为我们整理呈现了中日两千年交流的图景。本书从日本立国进入中国古籍谈起，通过倭王金印、"日出处天子致书日落处天子"的国书事件、遣唐使、入宋僧、文永－弘安之役、倭寇、勘合贸易、甲午战争等事件及近代之后中日关系的起起伏伏，梳理了两国交往的大事件，串联起两千年的互动交流史。

从古代日本留学生、留学僧不顾风浪凶险，也要远渡中国学习巡礼，到近代中国留日学生面对列强欺凌，苦苦寻求强国之道，中日交往的趋势随着历史的发展也在发生变化。仔细探讨这段历史，会发现其间有过中断，有过对抗，但主流还是和平发展，从这些互动中，也可以看出中日两国政治文化、民族性格的差异。

对于近代以来日本发动的侵华战争，作者并没有避而不谈，他坦承，战争是"中日交流史上只有流血和破坏的时段，是最糟的时段"。书中对长谷川照子的介绍，让我们知晓，即使在最黑暗的时段，也会有追求两国关系和平友好的闪光。

"我们只有一心期待、盼望子子孙孙永远和平友好，只有在心里暗暗发誓为此竭尽全力。"这也是所有爱好和平的人们的共同愿景。

服务热线：133-6631-2326　188-1142-1266

读者信箱：reader@hinabook.com

后浪出版公司

2019 年 5 月

图书在版编目（CIP）数据

中日交流两千年 /（日）藤家礼之助著；章林译
. -- 北京：北京联合出版公司，2019.7（2024.5 重印）
ISBN 978-7-5596-3178-7

Ⅰ.①中… Ⅱ.①藤…②章… Ⅲ.①中日关系—文
化交流—文化史 Ⅳ.① K203 ② K313.03

中国版本图书馆 CIP 数据核字 (2019) 第 077041 号

中日交流两千年

作　　者：[日]藤家礼之助
译　　者：章　林
出 品 人：赵红仕
选题策划：后浪出版公司
出版统筹：吴兴元
特约编辑：林立扬　赵笑笑
责任编辑：李　征
营销推广：ONEBOOK
装帧制造：墨白空间·徐睿绅

北京联合出版公司出版
（北京市西城区德外大街 83 号楼 9 层　100088）
河北中科印刷科技发展有限公司　新华书店经销
字数 180 千字　889 毫米 ×1194 毫米　1/32　8 印张
2019 年 7 月第 1 版　2024 年 5 月第 3 次印刷
ISBN 978-7-5596-3178-7

定价：60.00 元